INDOOR *Gardening*

Präsentiert vom Garten Fräulein

INDOOR Gardening

Kreativ gärtnern und ernten
das ganze Jahr

EMF

EIN BUCH DER
EDITION MICHAEL FISCHER

INHALT

Kresseherz, S. 37

Chili, S. 51

Kühlschrank-Magnet-Töpfe, S. 67

Ziegenkäse-Birnen-Salatteller, S. 92

Pflanzen in Plastikflaschen, S. 79

Sprossenglas, S. 35

Shabby-Chic-Palettenbeet, S. 60

Mangold, S. 47

Schwebendes Fensterbrett, S. 18

VORWORT

Einen Indoor-Garten anzulegen ist ein tolles Experiment! Mit der Lust, dem Mut und dem Willen, essbares Grün auch ohne Garten und Balkon anzubauen, lässt sich einiges umsetzen – glaubt mir! Beim Indoor-Gardening geht es vor allem darum, viel auszuprobieren, experimentierfreudig und geduldig zu sein. Jede Wohnung und jeder Gärtner ist anders – aber für jeden ist ein Pflänzchen gewachsen. Probiert es aus und wagt euch an das Unbekannte.

Zuerst einmal ist es wichtig, dem essbaren Grün einen Platz im eigenen Zuhause einzuräumen. Das fällt manchmal gar nicht so leicht, denn die schöne Dekoration am Südfenster oder das Regal, das leer geräumt werden soll, möchte man eigentlich gerne beibehalten. Bestimmt muss das eine oder andere Teil weichen. Aber keine Panik, es wird durch eine grüne und essbare Indoor-Oase ersetzt, die euch garantiert in Entzücken versetzt.

Beim Gärtnern – egal, ob drinnen oder draußen – geht es auch darum, sich mit Nachhaltigkeit und der eigenen Umwelt auseinanderzusetzen. Umgebt ihr euch mit Pflanzen, werdet ihr bestimmt schnell feststellen, dass das etwas mit euch macht. Ihr werdet euch für Dinge begeistern, die ihr vorher vielleicht gar nicht wahrgenommen habt. Gegenstände, die früher Müll waren, werdet ihr nun mit Begeisterung aufheben und wiederverwerten.

Lasst euch auf das Erlebnis Indoor-Garten ein! Viel Freude in eurem grünen Zuhause wünscht euch das Garten Fräulein

Silvia

DIE BASICS *zum Loslegen*

Natürlich ist es auch beim Gärtnern in den eigenen vier Wänden wichtig, ein paar Basics zu kennen und zu beachten. So sind der richtige Standort, die Lichtverhältnisse und die Luftzirkulation entscheidend für eine knackige Ernte. Auch die verwendete Erde und die Qualität des Saatguts spielen eine entscheidende Rolle. Beachtet ihr die grundlegenden Regeln, werdet ihr schon bald mit leckeren Sprossen, bunten Salaten und feurigen Chilis belohnt. Die Ernte wird zwar nicht so groß ausfallen wie im Garten, doch werdet ihr genauso stolz und begeistert von euren Früchten sein!

ES WERDE *Licht*

Mit die größte Herausforderung beim Indoor-Gardening stellt das Thema Licht dar. Zuallererst ist es wichtig, die natürlichen Lichtquellen in der Wohnung perfekt auszunutzen. Falls euch das mit der künstlichen Beleuchtung nicht ganz geheuer ist, probiert es erst mal ohne. Ist nicht gerade tiefer Winter, reicht auch Tageslicht am Fensterbrett aus. Für alles andere gibt es Lampen!

WARUM LICHT SO WICHTIG IST

Licht wird von euren Pflanzen benötigt, damit in den grünen Pflanzenteilen, vor allem in den Blättern, die Fotosynthese ablaufen kann. Durch diesen komplizierten biochemischen Vorgang sind Pflanzen in der Lage, mithilfe der Lichtenergie Wasser und Kohlendioxid in die lebenswichtigen Grundbaustoffe Stärke und Traubenzucker zu verwandeln. Die Fotosynthese ist der wichtigste Stoffwechselprozess in der Natur, denn dabei entsteht Sauerstoff. Ist es nicht hell genug, findet zu wenig Fotosynthese statt und euren Pflanzen fehlt die Energie für alle Stoffwechselvorgänge und das Wachstum.

Die Lichtintensität hängt zum einen vom Standort im Zimmer ab (siehe Seite 14) und zum anderen von der Jahreszeit. Im Sommer ist die Sonnenstrahlung intensiv und wir werden von früh bis spät mit ausreichend Licht gesegnet. Im Winter reicht es allein schon durch die kürzeren Tage meist nicht mehr für die Pflanzen aus. Das solltet ihr beim Experimentieren berücksichtigen. Kresse, Microgreens und Sprossen funktionieren beispielsweise zu jeder Jahreszeit in der Wohnung. Tomaten, Mangold und Chilis werden dagegen am besten ab April in den eigenen vier Wänden ausgebracht, denn dann werden die Tage wieder länger und es gibt mehr Sonnenlicht.

KÜNSTLICHE LICHTQUELLEN

Sobald die Winterzeit anbricht, wird es Salat, Basilikum und Schnittlauch schnell zu dunkel in der Wohnung. Wir fliegen im Winter gerne mal in den Süden, um Sonne zu tanken. Genauso gerne möchten eure Pflanzen der Dunkelheit entfliehen. Daher wird es im Spätherbst Zeit, eine geeignete Beleuchtung zu installieren, um ihren Lichthunger zu stillen. Macht euch keine Sorgen, ihr braucht dazu keine speziellen Pflanzenleuchten. Bei einem Ausflug in den Baumarkt findet ihr alles, was ihr braucht.

LICHT IST NICHT GLEICH LICHT

Pflanzen brauchen aber nicht irgendein Licht, entscheidend ist dabei die Wellenlänge. Wir Menschen nehmen das Sonnenlicht als weiß wahr, aber eigentlich besteht es aus sechs verschiedenen Farben (rot, orange, gelb, grün, blau und violett). Jede dieser Spektralfarben hat eine andere Wellenlänge. Pflanzen brauchen für die Fotosynthese Wellenlängen von 400–500 Nanometern (blauviolett) und 600–700 (rot-orange). Es kommt aber letztendlich auf die richtige Mischung und Zusammensetzung des Lichtspektrums an. Daher braucht man für die Pflanzen Lampen, die ein ausgewogenes Verhältnis von blauem und rotem Licht erzeugen.

LEUCHTSTOFFRÖHRE & LED'S

Eine Leuchtstoffröhre ist ideal als künstliche Sonne geeignet. Achtet darauf, dass ihr hier die Lichtfarbe „kaltweiß" wählt. Sie kommt dem Sonnenlicht am nächsten. Lasst zwischen der Lampe und euren Pflanzen gut zwei Handbreit Platz. Vielleicht habt ihr eine Pflanzenlampe sogar schon in eurer Küche. Häufig hängt über der Arbeitsfläche eine Leuchtstoffröhre. Jetzt müsst ihr eure Pflanzen nur noch ein bisschen näher an die Lampe bringen.

Natürlich könnt ihr auch LED's als Pflanzenleuchten verwenden. Der Vorteil ist, dass es sie in vielen unterschiedlichen Größen gibt und sie sehr energiesparend und langlebig sind. Allerdings kosten sie auch wesentlich mehr als die Leuchtstoffröhren.

Die Pflanzen wollen es, genau wie wir, nachts ebenfalls dunkel haben, damit sie zur Ruhe kommen können. Beachtet den Tag- und Nacht-Rhythmus, schließlich haben Pflanzen im Freien auch mal Pause. Am besten macht ihr beim Aufstehen das Pflanzenlicht an und beim Zubettgehen wieder aus. Eine Zeitschaltuhr nimmt euch das ab. Im Winter sind 12 Stunden „Sonne" ideal für eure Pflanzen.

TIPP VOM *Garten Fräulein*

Nicht geeignet sind Halogenlampen. Diese geben in erster Linie Wärme ab, aber nicht die richtige Lichtwellenlänge, die Pflanzen für die Fotosynthese brauchen.

EIN LAUES *Lüftchen*

Ein heller Standort ist schon mal die halbe Miete, doch um eure Pflanzen langfristig gesund und glücklich in der Wohnung aufzuziehen, sind auch das Raumklima und die Luftzirkulation entscheidend. Mal ehrlich, wer sitzt schon gerne im stickigen Zimmer? Auch Pflanzen lieben frische Luft!

WARUM FRISCHE LUFT WICHTIG IST

Nicht nur wir lieben frische Luft, auch unsere Pflanzen lassen sich gerne den Wind um die Blätter wehen. Im Garten hilft der Wind, die Pflanzen robust und widerstandsfähig zu machen. Natürlich spielt er in der freien Wildbahn auch eine entscheidende Rolle für die Verbreitung des Saatguts. Beim Gärtnern in der Wohnung ist die Luftzufuhr und -zirkulation ebenfalls ein wichtiger Punkt. Diesen zu vernachlässigen kann schwerwiegende Folgen mit sich bringen. Zirkuliert die Luft im Raum nicht ordentlich, bilden sich leicht Krankheiten wie Schimmel und Fäule. Kleine Ventilatoren, die günstig zu haben sind und nicht viel Strom fressen, können dabei helfen. Der künstliche Wind sollte aber nicht nur von einer Seite und dauerhaft auf die Pflanzen einströmen. Am besten stellt ihr die Ventilatoren schräg gegenüber von den Pflanzen im Raum auf, um die Luft zu verwirbeln.

RICHTIG LÜFTEN

Regelmäßig zu lüften und somit verbrauchte Luft gegen frische auszutauschen, ist das A und O für ein gesundes Raumklima. Dadurch lassen sich Temperatur sowie Sauerstoffgehalt und Luftfeuchtigkeit regeln. Im Winter solltet ihr stoßlüften. Dazu zwei- bis viermal am Tag die Fenster für 5–10 Minuten ganz öffnen. Stoßlüften ist auch im Sommer effektiv, am besten frühmorgens und abends für 25 Minuten. Wichtig beim Lüften ist immer, dass die Luft in den Raum hineinströmen und auch wieder hinaus kann. Öffnet am besten gegenüberliegende Fenster oder lüftet gegenüberliegende Zimmer gleichzeitig für eine optimale Luftzirkulation. Solange es draußen weder zu kalt noch zu heiß ist, lässt sich die Zirkulation zudem durch dauerhaft gekippte Fenster regeln.

LUFTFEUCHTIGKEIT

In Wohnungen gilt eine Luftfeuchte von 50–60 % für Menschen und Pflanzen gleichermaßen als angenehm. Die Luftfeuchtigkeit variiert natürlich nach Jahreszeit, aber auch nach der Anzahl der Bewohner. Ob Pflanzen oder Menschen – beide produzieren Wasser, das an die Luft abgegeben wird. Vor allem in der Winterzeit ist die Raumluft durchs Heizen aber oft zu trocken. Abhilfe schaffen z. B. regelmäßiges Sprühen von Wasser, ein Zimmerbrunnen, ein elektrischer Luftbefeuchter oder eine aufgestellte Schale mit Wasser. Wie schon gesagt, regelt ihr die Luftfeuchte ganz einfach durch richtiges Lüften. Wer es aber genauer wissen will, kann sich einen Hygrometer zulegen. Er zeigt euch den genauen Wert an.

TIPP VOM *Garten Fräulein*

Pflanzen nicht zu dicht nebeneinander stellen, damit die Luft noch gut durch die Blätter zirkulieren kann.

WOHNZIMMER, KÜCHE, KELLER
Räume für den Indoor-Garten

Die gute Nachricht vorweg: Für jeden Raum ist ein Pflänzchen gewachsen. Damit wird klar, dass die jeweiligen Pflanzen über ihr künftiges Zuhause entscheiden. Kräuter wollen lieber ein warmes Südfenster, Sprossen bevorzugen eine dunklere Ecke und Tomaten fühlen sich unter künstlicher Beleuchtung am wohlsten. Ein Indoor-Garten lässt sich also wirklich in jedem Zimmer anlegen!

DER RICHTIGE STANDORT

Am meisten Licht bekommen eure Pflanzen direkt am Fenster. Deshalb sind Fensterbänke ideale Standorte. Je weiter weg vom Fenster die Pflanzen aufgestellt werden, umso weniger eignet sich der Platz, denn die Lichtintensität nimmt mit jedem Meter Entfernung rapide ab. An den Stellen im Raum hilft aber eine künstliche Beleuchtung (siehe Seite 10). Die Ausrichtung der Fenster ist ebenfalls entscheidend für das zur Verfügung stehende Licht: Südfenster sind ideal für den Pflanzenanbau, denn dort gibt es das meiste Licht. Das kann aber auch zu viel für die grünen Mitbewohner werden: Hinter der Fensterscheibe wird es gerade im Sommer extrem warm und die Blätter drohen zu verbrennen. Wichtig ist, dass ihr das Fenster auch mal mit einem Rollo oder einer Markise beschatten könnt. Falls es keine Möglichkeit zur Beschattung gibt, hilft ein großer Pappdeckel, den ihr von innen an das Fenster klemmt. Ost- und Westfenster bieten am Morgen bzw. am Abend mehrere Stunden Sonne und sind auch ausreichend hell. Da am Nordfenster kaum Sonne einfällt, ist die Lichtintensität dort meist zu gering für essbares Grün. Denkt auch daran, dass Bäume vor dem Haus, nahestehende Gebäude oder Gardinen zudem Licht schlucken.

Die passende Temperatur ist ebenfalls ausschlaggebend für die Standortwahl. Beispielsweise entsteht beim Kochen in der Küche mal ordentlich Dampf und Hitze, im Bad ist es in der Regel kuschelig warm und feucht und im Schlafzimmer generell etwas kühler als in den restlichen Räumen. Es macht auch einen Unterschied, wo die Wärmequelle sitzt. Vor allem für die Keimung ist ein Fensterbrett oder Regal direkt an der Heizung sehr gut. Werden die Pflanzen größer, schadet die direkte Heizungswärme der Entwicklung. Die Pflanzen schießen zu schnell in die Höhe und gehen über kurz oder lang kaputt. Eine Nachtabsenkung der Heizung sagt übrigens den meisten zu, denn das entspricht auch den Verhältnissen draußen.

DIE KÜCHE

Sprossen, Keimlinge, Kräuter oder Kresse: In der Küche möchte man möglichst alles um sich versammeln. Überlegt euch, was ihr am liebsten und häufigsten zum Kochen verwendet, das pflanzt ihr dann in greifbarer Nähe an. In einer Küche mit hellem Fensterbrett sind für Kräuter beste Standortbedingungen vorhanden.

DAS WOHNZIMMER

Meist ist das der größte Raum in der Wohnung und bietet daher Platz für ein Pflanzregal, das sich noch zusätzlich mit künstlichem Licht (Seite 22) ausstatten lässt. Dort gedeihen z. B. Mangold, Salate, Brokkoli, Spinat und Chilis.

DAS BADEZIMMER

Es eignet sich ideal für die Aufzucht von euren Pflanzen, sofern es ein Außenfenster besitzt. Sobald die Pflanzen aber größer werden, fühlen sich die meisten hier nicht mehr wohl und müssen raus aus dem Badezimmer.

DAS SCHLAFZIMMER

Sobald eure Salate und Kräuter zu kleinen Pflanzen herangewachsen sind, fühlen sie sich im nicht so heißen Schlafzimmer am wohlsten.

DER KELLER

Selbst der dunkle Keller lässt sich für die Produktion von Essbarem nutzen, denn Pilze lieben die Bedingungen, die im Keller herrschen. Ein beleuchtetes Pflanzregal kann übrigens auch in den Keller gestellt werden.

TIPP VOM *Garten Fräulein*

Vorsicht, falls ihr eure Wohnung mit einer Katze teilt. Die knabbern das Grünzeug gern mal an. Mit einem Wassersprüher könnt ihr eure Pflanzen gut verteidigen.

FENSTERBRETTER
& Regale

Fensterbretter und Regale kann man beim Indoor-Gardening gar nicht genug haben. Weil jedes Fenster aber leider immer nur ein Fensterbrett hat, heißt es kreativ werden. Ab nun bekommen eure Fenster mehr als eine Abstellfläche. Wer nicht zum Hammer greifen möchte, kann natürlich auch fertige Regale nutzen und diese am besten an einem hellen Ort aufstellen.

FENSTERBRETT GESUCHT

Begebt ihr euch erst einmal auf den Weg des Indoor-Gärtners, werdet ihr schnell feststellen, dass ihr Wohnungen plötzlich mit ganz anderen Augen betrachtet. Vor allem die Anzahl und Anordnung der Fensterbretter ist ab jetzt von großem Interesse. Wohnungen mit bodentiefen Fenstern sind zwar sehr schön, aber es gibt kein kuscheliges Fensterbrett mit einer Heizung darunter, an der sich eure Pflanzen die Wurzeln wärmen könnten. Eine Dachgeschoss-Wohnung hat im schlimmsten Falle gar kein Fensterbrett. Kein Grund, panisch zu werden und den Immobilienmarkt abzusuchen. Egal, vor welche Herausforderungen euch eure Wohnung stellt, am Ende findet sich immer eine Ecke für essbares Grün.

TIPP VOM *Garten Fräulein*

Stellt eure Pflanzen nicht direkt auf den Boden. Dort ist es ein wenig kälter als auf dem Fensterbrett und es gibt zu wenig Licht.

REGALE

Hier kommt es nicht darauf an, welches Material ihr benutzt oder aus was genau euer Regal zusammengezimmert ist. Eine alte Leiter, Weinkisten oder das Vorratsregal aus der Speisekammer – eurer Kreativität sind keine Grenzen gesetzt. Da das Pflanzregal ein Bestandteil eurer Einrichtung wird, ist es natürlich schöner, wenn es sich in den restlichen Wohnraum gut einfügt und zu einem stylischen Hingucker wird. Das perfekte Pflanzregal erfüllt die folgenden Punkte:

- Es ist möglich, eine Beleuchtung anzubringen.
- Es darf ruhig auch mal nass werden.
- Es bietet ausreichend Platz für die Pflanzen, sodass die Luft gut durch die Blätter zirkulieren kann.
- Es sollte einfach umzustellen sein.
- Rollen am Regalboden sind der Traum eines jeden Indoor-Gärtners!
- Das Regal wächst mit! Das bedeutet, ihr könnt ohne Probleme einen Zwischenboden herausnehmen und somit mehr Platz schaffen.
- Die Regalböden sind genauso lang wie eure Leuchtstoffröhren. Das sieht nicht nur besser aus, sondern macht euch auch das Anbringen der Lampen leichter.

Übrigens kann auch eine ausgeschaltete Heizung ein gutes Regal sein. Sogar eine Halterung für Blumentöpfe lässt sich daran anbringen.

DIY

SCHWEBENDES *Fensterbrett*

Alle Fensterbretter sind besetzt? Dann wird es Zeit, eine Etage höher zu gehen. Mit einem hängenden Fensterbrett geht das ganz schnell und ihr habt neuen Platz für eure Pflanzen.

MATERIAL

Holzbrett
80 x 20 x 1,8 cm

Juteschnur

Schere

Tacker

Metermaß

ggf. Deckenhaken

SCHRITT 1

Sucht euch ein Fenster aus, an dem das Fensterbrett hängen soll. An einer Vorhangstange lässt sich das Holzbrett z. B. gut befestigen.

SCHRITT 2

Messt von der Vorhangstange aus ab, auf welcher Höhe das Brett hängen soll. Anschließend die Schnüre in der entsprechenden Länge abschneiden. Denkt daran, die Schnur doppelt zu nehmen und die Breite des Bretts mit zu berücksichtigen.

SCHRITT 3

Legt eure Schnur, mit einem Außenabstand von ca. 10–15 cm, um das Brett und knotet eine Schlaufe auf jeder Seite. Damit nichts verrutscht, die Schnur am Boden des Fensterbretts festtackern. Dann die Schnüre an der Vorhangstange befestigen. Oder ihr schraubt Deckenhaken in den Fenstersims oder die Raumdecke für die Aufhängung, falls es keine Vorhangstange gibt.

TIPP VOM *Garten Fräulein*

Natürlich kann das neue Fensterbrett auch gestrichen werden. Lasst eurer Kreativität freien Lauf!

Die Pflanzen genießen die
Aussicht in luftiger Höhe.

Sprosse für Sprosse wird mit essbarem Grün besetzt.

DIY

GRÜNE Pflanzenleiter

Der Platz in der Wohnung ist für einen Garten sehr begrenzt. Eine Pflanzleiter nimmt nicht zu viel Raum in euren vier Wänden ein, bietet aber dafür viel Platz für den Anbau von essbarem Grün!

MATERIAL

2 Holzleisten, 2 m lang und 3 x 3 cm stark

1 Holzleiste, 2 m lang und 2,5 x 2,5 cm stark

Holzfarbe und Pinsel

Metermaß

Stichsäge

Bleistift

8 Schrauben

Akkubohrer

4 Blumenkästen inkl. Halterungen

SCHRITT 1

Streicht die Holzleisten in einer Farbe, die gut zu eurer Wohnungseinrichtung passt. Gut trocknen lassen.

SCHRITT 2

Die Sprossen werden aus der schmaleren Leiste gesägt. Messt dazu eure Blumenkästen aus. Die Sprossen so zurechtschneiden, dass die Kästen noch an den äußeren Holzleisten aufliegen und somit Halt finden und nicht nach hinten durchhängen. Beispielsweise werden bei einem Balkonkasten von 50 cm Länge die Sprossen 42 cm lang.

SCHRITT 3

Sind alle Sprossen zurechtgeschnitten, geht es ans Zusammenbauen. Dazu legt ihr am besten die Seitenteile auf den Boden, richtet die Sprossen aus und schraubt sie anschließend fest. Lasst zwischen den einzelnen Holzsprossen 40–50 cm Platz.

SCHRITT 4

Zum Schluss die Leiter schräg an einer Wand aufstellen bzw. anlehnen. Jetzt könnt ihr vorsichtig eure bereits bepflanzten Balkonkästen an den Sprossen der Leiter aufhängen.

TIPP VOM Garten Fräulein

Dreht die bepflanzten Kästen ab und an oder wechselt sie mal von oben nach unten durch, sodass jede Pflanze ausreichend Licht bekommt.

DIY

BELEUCHTETES *Pflanzenregal*

Ein Badezimmer-Regal lässt sich im Handumdrehen zu einem beleuchteten Zuhause für eure Pflanzen verwandeln. Dank der LED-Leuchten geht in eurer Wohnung nun die Sonne auf!

MATERIAL

Badezimmer-Regal aus Metall

LED-Unterbaulampen

ggf. Verlängerungskabel

ggf. Mehrfachsteckdose

SCHRITT 1

Auf geht es ins Möbelhaus! Dort wartet das perfekte Pflanzenregal auf euch. Allerdings findet ihr es in der Badezimmer-Abteilung. Hier gibt es günstige Regale, die alle Voraussetzungen für ein Pflanzenregal erfüllen.

SCHRITT 2

Im Internet findet sich eine große Auswahl an LED-Lampen. Bestellt euch 3–4 Unterbauleuchten. Beachtet dabei das richtige Lichtspektrum (Seite 10). Die Leuchten sind meist selbstklebend. Wenn das nicht der Fall ist, kommt noch eine Rolle doppelseitiges Klebeband in euren Warenkorb.

SCHRITT 3

Baut das Regal nach Anleitung auf und sucht euch einen geeigneten Platz dafür aus, am besten in der Nähe eines Stromanschlusses. Bringt die LED's jeweils mittig unten am Regalboden an. Pflanzen darunter stellen – fertig!

Keine Sonne in Sicht?
Dann ab auf die Sonnenbank!

ERDEN-*Einmaleins*

Ein lockeres Substrat mit den richtigen Nährstoffen drin ist das A und O für erfolgreiches Wachsen und Ernten. Wählt also nur hochwertige Erde für eure knackigen Salate und aromatischen Kräuter. Wer als Indoor-Gärtner lieber nicht mit Erde in der Wohnung arbeiten möchte, muss das nicht. Kresse, Sprossen und Weizengras wachsen auch völlig ohne Erde wunderbar!

TORFFREIE ERDE

Unserer Natur und damit auch unseren Nachkommen zuliebe, wäre es schön, wenn ihr auf den Einsatz von torfhaltiger Erde verzichtet. Diese ist zwar super leicht, nimmt viel Wasser auf und ist noch dazu unfassbar günstig, doch wir bezahlen dafür an anderer Stelle. Der Torf wird aus Jahrtausende alten Mooren abgebaut. Damit werden wichtige Lebensräume für seltene Pflanzen und Tiere für immer zerstört. Gerade für das Indoor-Gärtnern sind sehr geringe Mengen von Erde ausreichend. Daher kann sich hier wirklich jeder die torffreie Erde leisten.

TONGRANULAT

Damit ihr nicht am laufenden Band damit beschäftigt seid zu gießen, ist die Beigabe von Tongranulat (siehe Foto Seite 25, links oben) in eurer Pflanzenerde sehr zu empfehlen. Dieses speichert Wasser über einen längeren Zeitraum und gibt es langsam wieder an die Pflanzen ab. Als Drainagematerial am Topfboden leistet es ebenfalls gute Dienste.

KRÄUTERERDE/ANZUCHTERDE

Dieses Substrat ist schön feinkrümelig, das erleichtert den Sämlingen, Fuß zu fassen und gut zu wurzeln. Außerdem enthält die sterilisierte Erde weder Keime noch Unkrautsamen. Damit steht einem gesunden Start eurer Pflanzen nichts mehr im Wege. Gerade die Südländer unter den Kräutern (Thymian, Rosmarin, Salbei) sind euch dankbar für eine nährstoffarme Erde. Für sie ist Kräuter- oder Anzuchterde perfekt geeignet.

BLUMENERDE

Eine reichhaltige Blumenerde (siehe Seite 25 rechts oben) ist für Salate und Gemüse genau die richtige Grundlage, um eine schmackhafte Ernte zu erzielen. Achtet darauf, dass ihr immer frische Erde verwendet. Zum Glück gibt es mittlerweile handliche 7,5-l-Säcke, die für einen kleinen Wohnungsgarten schon ausreichen.

KOMPOST

Im Garten ist Kompost ein unschlagbarer Energielieferant. Dies gilt auch für das Gärtnern in der Wohnung. Doch seid euch im Klaren darüber, dass Kompost etwas riechen kann. Daher ist er für die Wohnung nicht ganz so ideal.

FLÜSSIGDÜNGER

Die Gefäße fürs Indoor-Gärtnern sind nicht gerade riesig. Somit ist der Platz für die Erde, und damit für die wichtigen Nährstoffe, begrenzt. Das kann mit einem Bioflüssigdünger gut kompensiert werden. Je nachdem, welche Pflanzen ihr anbaut und welche Erde ihr verwendet – die meisten Substrate enthalten eine Grunddüngung – könnt ihr nach 2–3 Monaten mit der Zugabe von Dünger beginnen. Am besten einmal die Woche mit in die Gießkanne geben.

TIPP VOM *Garten Fräulein*

Eine Drainageschicht am Boden sorgt dafür, dass überschüssiges Wasser besser abfließt. Nehmt dafür Blähton, Kies oder Tonscherben und deckt die Schicht mit einem Vlies ab.

DAS SAATGUT *macht den Unterschied*

Saatgut ist nicht gleich Saatgut. Die Qualität entscheidet maßgeblich mit über den Erfolg eurer Ernte. Das richtige Saatgut gibt es aber nicht nur im Gartencenter. Schaut doch mal in euer Vorratsregal oder besucht eine Tauschbörse. Es ist ein wahres Abenteuer, eine Pflanze vom Samenkorn bis zur fertigen Frucht zu begleiten. Also nichts wie ran an die Samenkörner!

BIOLOGISCHES SAATGUT

Nachhaltiges Gärtnern fängt schon beim Samenkorn an. Wenn ihr euch Saatgut kauft, dann achtet darauf, dass es aus biologischem Anbau stammt. Damit unterstützt ihr Menschen, die viel für unsere Umwelt und die biologische Landwirtschaft tun. Ökologisches Saatgut vererbt seine Eigenschaften weiter und ist uneingeschränkt vermehrbar. Zwar ist das beim Indoor-Gardening ein zu vernachlässigender Punkt, da nicht alles, was man anpflanzt, bis zur fertigen Frucht reifen darf, doch ist der Kauf von biologischem Saatgut letztlich eine Einstellungssache zu sich und der eigenen Umwelt.

Das Gegenstück zum Biosaatgut ist konventionelles Saatgut. Im Handel gibt es häufig hybrides Saatgut. Das erkennt ihr an der Kennzeichnung „F1". Es liefert im ersten Jahr zwar super Erträge, aber lässt sich nicht weiter vermehren. Außerdem unterstützt ihr mit dem Kauf von hybridem Saatgut die großen Saatguthersteller, die mit ihrer Saatgutpolitik Bauern in eine Abhängigkeit treiben und alte Sorten von unserem Speiseplan verbannt haben. Samenfestes Saatgut dagegen sichert die kulturelle Vielfalt auf unseren Fensterbrettern, Balkonen, in den Gärten und nicht zuletzt auf unseren Tellern.

SAATGUT AUS DEM VORRATS-SCHRANK

Ihr bekommt am Wochenende Gäste und wollt etwas ganz Besonderes für sie kochen? Mit selbstgezogenen frischen Sprossen werdet ihr eure Besucher garantiert beeindrucken. Diese sind schon in wenigen Tagen erntereif und ihr müsst dafür nicht extra in die Stadt, um euch das Saatgut zu besorgen. Werft doch einfach mal einen Blick in euer Vorratsregal. Findet ihr dort Mungobohnen, Linsen oder Kichererbsen? Bestimmt ist auch noch ein leeres Marmeladenglas zur Hand. Dieses wird im Handumdrehen zum Sprossenglas (DIY Seite 35) und in wenigen Tagen könnt ihr schon knackige Sprossen ernten.

SAATGUT VON TAUSCHBÖRSEN

Man muss Saatgut nicht immer kaufen, man kann es auch tauschen. In vielen Städten gibt es Initiativen, die sich voll und ganz den Samenkörnern verschrieben haben. Noch im Winter, bevor die Gartensaison wieder beginnt, finden Tauschbörsen statt. Wenn ihr selbst nichts zum Tauschen habt, ist das nicht weiter tragisch. Gegen einen geringen Betrag könnt ihr bei Saatgut-Tauschbörsen seltenes und für eure Region heimisches Saatgut erwerben. Meist gibt es zusätzlich Workshops und Vorträge zum Thema. Man darf also auch sein Gärtnerwissen gerne austauschen!

DAS MACHT DAS *Gärtnern leichter*

Mit ein paar Werkzeugen und nützlichen Utensilien wird das Gärtnern in der Wohnung gleich noch ein bisschen einfacher. Hier bekommt ihr einen kleinen Überblick. Und mal ehrlich, macht es mit einer schönen Schaufel und einer schicken Kräuterschere nicht noch mehr Spaß!?

GROSSER EIMER

In der Wohnung ist ein großer Eimer, in dem man die Erde für die Pflanzen mischt und dort auch das Anpflanzen vornimmt, Gold wert. Ansonsten wird der Boden schnell zur Schmutzoase. Im Baumarkt gibt es Behältnisse, die man nach dem Gebrauch wieder zusammenfalten kann, sodass sie nicht so viel Platz wegnehmen.

ZEITUNGEN

Damit man sich auch ein bisschen austoben kann und nicht total penibel auf jeden kleinen Erdkrümel achten muss, der eventuell aus dem Eimer fällt, sind alte Zeitungen die ideale Unterlage beim Arbeiten.

ZEITSCHALTUHR

Damit die künstliche Beleuchtung nicht Tag und Nacht brennt, ist eine Zeitschaltuhr eine große Hilfe. So müsst ihr euch nicht mehr um das Ein- und Ausschalten kümmern. Und macht ihr mal ein paar Tage Urlaub, sind eure Pflanzen weiterhin gut mit Licht versorgt.

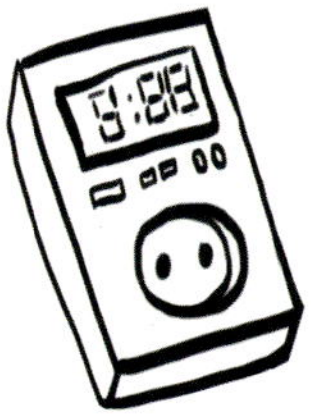

KRÄUTERSCHERE

Das Ernten und Verarbeiten macht gleich doppelt so viel Freude mit einer hübschen Kräuterschere! Gönnt euch mal was und sucht euch eine richtig tolle und scharfe Schere aus. Kräuterscheren mit mehreren Klingen teilen Schnittlauch & Co. in gleichmäßige feine Stücke.

TIPP VOM *Garten Fräulein*

Sammelt ab nun leere Marmeladengläser, Haushaltsgummis, leere Joghurt- und Plastikschälchen. Diese landen nicht mehr im Müll, sondern in einer Kiste für euren Indoor-Garten.

SPRÜHFLASCHE

Es schadet nie, eine Sprühflasche zur Hand zu haben. Keimlinge, Kokedama oder die Pflanzen im Skyplanter lassen sich damit wesentlich einfacher bewässern. Ist die Raumluft zu trocken, könnt ihr zudem mit etwas feinem Sprühnebel die Luftfeuchtigkeit erhöhen.

SCHAUFEL

Natürlich bekommt man die Erde auch ohne Schaufel in den Topf, aber ehrlich gesagt geht es mit einer ordentlichen Handschaufel doch einfach besser. Reine Kunststoffschaufeln überzeugen durch ihr geringes Gewicht. Sehr robust und zeitlos schön sind welche mit Holzgriff und Stahl- oder Edelstahlblatt.

KLEINE GIESSKANNE

An Wasser darf es euren Pflanzen natürlich nicht fehlen, daher ist eine kleine Gießkanne sehr nützlich. 3–5 Liter sollte sie aber schon fassen können, damit ihr beim Gießen nicht zu oft zum Wasserhahn laufen müsst.

MEHRFACHSTECKDOSEN

Steckdosen sind irgendwie immer genau dort, wo man sie gerade nicht braucht. Mehrfachsteckdosen schaffen da Abhilfe. Achtet beim Kauf darauf, dass die Stecker mit einem langen Kabel ausgestattet sind. So könnt ihr euren Indoor-Garten genau dort aufbauen, wo ihr wollt, und nicht dort, wo die nächste Steckdose für die Beleuchtung ist. Ein Ein- und Ausschalter erleichtert die Bedienung und hilft beim Stromsparen.

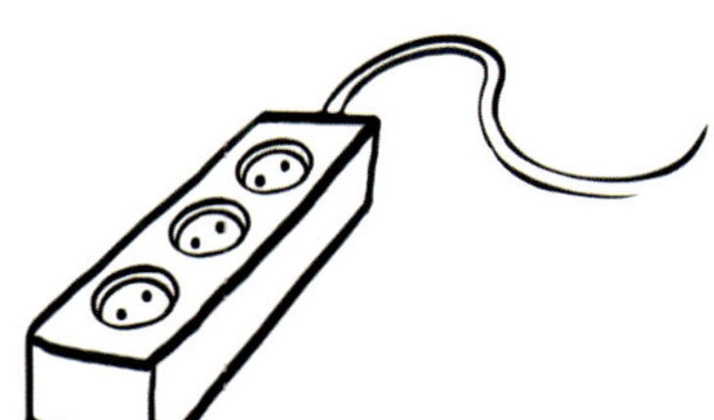

DIE *Pflanzen*

Für jeden Indoor-Gärtner gibt es die passende Pflanze. Egal, ob ihr gerade erst mit dem Anbau von essbarem Grün in den eigenen vier Wänden beginnt oder schon seit Jahren selbst Sprossen zieht und nun etwas Neues ausprobieren möchtet: So unterschiedlich, wie eure Voraussetzungen sind, so vielfältig sind auch die Ansprüche der einzelnen Pflanzen. Manche brauchen viel Pflege und einen erfahrenen Gärtner, andere dagegen sind beinahe unkaputtbar und ideal für Einsteiger. Umsorgt ihr eure grünen Mitbewohner richtig, werden sie es euch mit einer schmackhaften Ernte danken.

DIE *Pflanzenpflege*

Egal, für welche Pflanzen ihr euch entscheidet, gehegt und gepflegt werden möchten sie alle. Aber wie behandelt man die Samenkörner im Sprossenglas und was braucht die Chili, um eine scharfe Schote zu entwickeln? Diese wichtigen Infos sind hier zusammengefasst.

GIESSEN

Weniger ist mehr! Ja, richtig gehört, Pflanzen werden leider häufig zu viel gegossen. Es ist wichtig, nur zu gießen, wenn die Pflanzen es auch tatsächlich brauchen. Dazu kann man mit dem Finger leicht in die Erde drücken, um zu überprüfen, ob diese noch feucht ist. Außerdem sollte das Wasser gut ablaufen können und keine Staunässe im Topf entstehen. Eine Drainageschicht aus Tongranulat oder Blähton ist ebenfalls hilfreich, damit die Pflanzen keine nassen Füße haben. Überschüssiges Wasser im Untersetzer, das nach einiger Zeit nicht aufgesogen wurde, sollte man zurück in die Gießkanne kippen.

DÜNGEN

Nicht jede Pflanze braucht Dünger. Aber gerade die Starkzehrer wie Tomaten möchten ab und an einen Schluck Dünger mit im Gießwasser. Mit einem Bioflüssigdünger oder Düngestäbchen könnt ihr den Nährstoffansprüchen eurer Pflanzen gerecht werden. Achtet darauf, dass der Flüssigdünger keine tierischen Produkte enthält, das riecht sonst in der Wohnung ziemlich unschön.

KRÄUTER RICHTIG ERNTEN

Kräuter wollen geerntet werden. Nur dann wachsen sie stetig weiter und entwickeln neue Triebe. Aber die Blätter und Stengel einfach abschneiden ist keine gute Idee. Gerade zarte Kräuter wie Basilikum, Pfefferminze und Zitronenmelisse danken es euch, wenn sie direkt über einer Blattachsel abgeschnitten werden. Das ist genau dort, wo sich zwei Blätter teilen. Thymian und Rosmarin vertragen einen etwas gröberen Rückschnitt. Aber schneidet die Stiele nicht direkt über dem Boden ab, sondern achtet auch hier darauf, dass ihr so schneidet, dass die Pflanze noch gut weiterwachsen kann.

VERMEHREN

Vor allem Kräuter lassen sich perfekt über Stecklinge vermehren. Dazu einige ca. 7–10 cm langen Triebe von der Pflanze abschneiden und die Blätter im unteren Bereich entfernen. Ab damit in ein Gefäß mit Wasser, und schon nach wenigen Tagen bilden sich die ersten Wurzeln und ihr könnt die Stecklinge in die Erde setzen.

KRANKHEITEN

In der Wohnung ist es besonders schwierig, Krankheiten zu behandeln. Eine regelmäßige Kontrolle der Pflanzen auf Pilzbefall oder Fäulnis ist die beste Vorsorge. Solltet ihr etwas bemerken, entfernt sofort die befallenen Blätter und stellt die Pflanze separat von den anderen.

SPROSSEN
Powerfood

Außer den Samen der Nachtschattengewächse sind fast alle gekeimten Samen von Nahrungspflanzen essbar. Getreide, Hülsenfrüchte oder Kohlgewächse – sie alle werden zu leckeren Keimlingen und Sprossen. Flache Schalen, Einmachgläser oder Töpfe reichen aus, um schon nach wenigen Tagen frisches Grün und damit knackige Vitaminbomben zu ernten.

LEVEL

STANDORT

Keimlinge und Sprossen wollen es gerne ein bisschen dunkel haben. Die Küchenanrichte oder ein Küchenregal sind ein guter Standort. Direkte Sonneneinstrahlung sollte vermieden werden. Die Anzucht ist das ganze Jahr über ohne Probleme in eurer Wohnung möglich.

ANBAU

Für den Anbau braucht ihr lediglich ein Glas und frisches Wasser (Seite 35 DIY Sprossenglas). Im Handel gibt es noch viele weitere Gefäße, z. B. Keimschalen oder eine Sprossenbox. Sauberkeit ist beim Sprossen-Anbau das oberste Gebot. Eure Anzuchtgefäße dürfen keine Rückstände oder sonstigen Verunreinigungen beinhalten. Am besten, ihr spült sie vorher gründlich ab, z. B. mit Essigwasser. Ansonsten haben Keime und Schimmel ideale Bedingungen und eure Sprossen werden ungenießbar.

PFLEGE

Zweimal täglich wollen eure Samen mit frischem Wasser gründlich gespült werden. Am besten morgens und abends. Lasst den Samenkörnern ein wenig Zeit, um sich mit frischem Wasser vollzusaugen, bevor ihr es wieder abgießt. In der Zwischenzeit könnt ihr euch einen Kaffee kochen, Zähneputzen oder ein Feierabendbier genießen. Achtet darauf, dass das Wasser komplett abfließt und nicht im Glas stehen bleibt. Dazu die Sprossengläser am besten gekippt aufstellen.

SAATGUT

Für die zarten Sprossen solltet ihr Biosaatgut verwenden, erhältlich im Biosupermarkt und Gartencenter.

ERNTE

Sobald aus allen Samen kleine grüne Triebe, eventuell auch schon Keimblätter und feine weiße Wurzeln hervorblicken, sind eure Sprossen erntereif. Falls ihr eure Sprossen nicht auf einmal essen wollt, halten sie sich in einem sauberen Schraubglas auch gut eine Woche im Kühlschrank. Spült sie vor dem Verzehr nochmal gut mit Wasser ab.

DIY

SPROSSEN *Gläser*

In der Küche stapeln sich die Gerätschaften und für ein Keimgerät ist kein Platz? Dann verwandelt euren Glasmüll doch einfach in ein paar Sprossengläser! Übrigens, amerikanische Einmachgläser, die derzeit schwer angesagt sind, eignen sich dafür besonders gut, da deren Deckel aus zwei getrennten Teilen bestehen.

MATERIAL

leere Einmachgläser

Saatgut

Tüll

Bastelschere

Haushaltsgummis

SCHRITT 1

Wascht die Gläser gründlich aus. Am besten mit heißem Wasser und gebt ein wenig Spülmittel dazu. Anschließend mit klarem Wasser nachspülen. Auch der Tüll sollte vorher ein Bad in heißem Wasser nehmen.

SCHRITT 2

Gebt in eure Gläser nun je 3–4 Esslöffel Saatgut. Anschließend die Gläser mit Wasser auffüllen.

SCHRITT 3

Bei den amerikanischen Einmachgläsern entfernt ihr den inneren Teil des Deckels. Legt den Tüll über die Glasöffnung. Mit dem Haushaltsgummi oder dem Drehverschluss des Einmachglases befestigen. Den überstehenden Tüll sorgfältig abschneiden. Fertig ist das Sprossenglas! Nachdem die Samen sich mit Wasser vollgesogen haben, gießt ihr das Wasser ab. Dann nochmal mit frischem Wasser durchspülen und die Gläser schräg aufstellen.

KRESSE

Lepidium sativum

Lust auf einen unkomplizierten, pflegeleichten Untermieter? Dann ist Kresse die Lösung für euch! Selbst wer behauptet, keinen grünen Daumen zu haben, wird mit der Kresse sicher Erfolgserlebnisse feiern. Sogar im Winter, wenn es nur wenige Stunden hell ist, wächst sie zuverlässig. Schon nach wenigen Tagen spitzen kleine grüne Blätter hervor.

STANDORT

Kresse mag ein helles Plätzchen zum Wachsen. Sie ist eine typische Fensterbrett-Sitzerin.

ANBAU

Bevor ihr die Kresse aussät, ist es ratsam, die Samen für 2–3 Stunden in Wasser einzuweichen. Dadurch keimen sie besser. Schnappt euch einen Kresseigel, alternativ einen Kaffeefilter oder ein Küchenrollen-Papier. Macht das, was ihr gerade zur Hand habt, gut feucht. Anschließend verteilt ihr die Kressesamen darauf.

PFLEGE

Die Kresse darf nicht austrocknen, sondern sollte immer gut feucht gehalten werden. Staunässe vermeiden, denn sonst entsteht schnell Schimmel.

ERNTE

Mit der Kräuterschere geht es der Kresse an den Kragen. Schneidet die zarten Triebe kurz über der Wurzel ab. Wartet ein paar Tage, und die Kresse wird erneut austreiben. Nach der zweiten Ernte solltet ihr wieder frisch aussäen.

SAATGUT

Kressesaatgut gibt es im Biosupermarkt und im Gartencenter zu kaufen.

VERWENDUNG

Auf einer Scheibe frischem Bauernbrot mit Butter und Salz wird die Kresse zur Delikatesse. Natürlich könnt ihr damit auch andere Sandwiches garnieren, sie frisch zu Salaten dazugeben, Brotaufstriche damit verfeinern oder Kräuterbutter sowie Kräuterquark zubereiten.

DIY

KRESSE *Herz*

Das angestaubte Image der Kresse ist gleich vergessen, denn sie ist wunderbar für die Anzucht in kleinen Formen geeignet. Ein schönes Mitbringsel oder eine nette Frühstücks-Überraschung für Gäste.

MATERIAL

Kressesamen
Wasser
kleine Tasse
Küchenrolle
Teller
Sprühflasche
Plätzchenausstecher
Teelöffel

SCHRITT 1

Weicht die Kresse für einen Tag in einer Tasse mit Wasser ein.

SCHRITT 2

Breitet auf einem flachen Teller ein Stück Küchenrolle aus. Die Küchenrolle gut anfeuchten, das funktioniert sehr gut mit einer Sprühflasche.

SCHRITT 3

Legt die Plätzchenausstecher auf die Küchenrolle. Mit dem Teelöffel den Samen dünn in die Ausstecher geben.

SCHRITT 4

Ab nun die Kresse immer feucht halten. Nach ungefähr 5 Tagen ist eine schöne Form aus der Kresse gewachsen.

MICROGREENS
Vitamine pur

Keimpflanzen, auch bekannt als Microgreens, sind die nächste Stufe von Sprossen. Sie keimen und wachsen nicht im Glas, sondern auf einer Unterlage, und werden erst nach Bildung der ersten richtigen Blätter geerntet. Für die Ungelduldigen unter euch sind die grünen Energiebündel jedenfalls perfekt: Aussäen, maximal zwei Wochen wachsen lassen und die volle Vitamin- und Mineralstoffpower sowie jede Menge Antioxidantien genießen. Ein grüner Jungbrunnen!

STANDORT

Microgreens mögen es hell und warm. Ein Fensterbrett ist der ideale Standort für eure Keimlinge. Ihr braucht keinen Platz für eine künstliche Beleuchtung.

ANBAU

Der Anbau von Microgreens ist das ganze Jahr über möglich. Da die Keimlinge nicht sehr tief wurzeln, reicht ein flaches Gefäß mit Platz für 2–3 cm Anzuchterde aus. Die Samen auf die Erde streuen, eventuell leicht mit Erde abdecken (siehe Hinweis auf der Packung) und anfeuchten. Bei manche Arten geht es sogar nur mit einem Keimvlies.

PFLEGE

Damit die Samen auch zu Keimlingen werden, ist es wichtig, dass ihr sie stets feucht haltet. Am besten, ihr bedeckt euer Pflanzgefäß mit einer Folie, so bleibt das Wasser, das eigentlich verdampfen würde, bei euren Keimlingen.

ERNTE

Je nach Art kann bereits nach 1–2 Wochen geerntet werden. Dafür schneidet ihr die Pflanzen kurz über dem Boden ab. Anschließend die Erde oder das Keimvlies mitsamt den Wurzeln in der Biotonne entsorgen.

SAATGUT

Es ist kein spezielles Saatgut nötig, außer, dass es bio sein sollte. Ihr könnt Saatgutpäckchen im Gartencenter kaufen und loslegen. Lecker schmecken Microgreens von Kapuzinerkresse, Brokkoli, Erbsen, Roter Bete und Radieschen.

VERWENDUNG

Microgreens eigenen sich besonders gut für Smoothies, als Beigabe in Salaten, für Sandwiches und als essbare Tellerdekoration. Am besten ist es, die Keimlinge frisch zu verwenden und nicht im Kühlschrank zu lagern. Sät deshalb jede Woche neu aus.

WEIZENGRAS

Triticum aestivum

Aus den frischen Trieben des Weizens lässt sich ein gesunder Saft pressen. Dieser ist reich an Chlorophyll und beinhaltet wichtige Vitamine, Mineralstoffe und Spurenelemente – ein wahres Superfood! Wer sich sehr gesund ernähren oder seinen Körper entgiften möchte, kommt an Weizengras nicht vorbei. Nicht nur der Saft ist lecker, auch die gekeimten Weizenkörner sind im Müsli schmackhaft und knackig.

STANDORT

Damit das Weizengras viele Nährstoffe und Chlorophyll ausbilden kann, ist jede Menge Licht nötig. Stellt es also an einen hellen Platz.

ANBAU

Gebt die Weizenkörner für 24 Stunden in ein Keimglas mit so viel Wasser, dass die Körner bedeckt sind. Die harten Samen saugen sich mit Wasser voll und beginnen leicht zu keimen. Für den weiteren Anbau ein flaches Gefäß verwenden, denn ihr braucht nur Platz, um 1 cm Erde einzufüllen. Weizengras kann auch ganz ohne Erde, auf einem Keimvlies, angebaut werden.Die gekeimten Weizenkörner gleichmäßig auf der Erde verteilen, aber nicht mit Erde bedecken. Mit einem Wassersprüher befeuchten und leicht andrücken. Damit die Samenkörner nicht austrocknen, am besten eine durchsichtige Plastikfolie über das Gefäß spannen oder legen.

PFLEGE

Wichtig ist, dass die Weizenkörner immer leicht feucht gehalten werden. Das ist auch schon alles.

ERNTE

Nach ungefähr 2 Wochen sind die Weizenkörner zu einer kleinen grünen Wiese herangewachsen. Sobald sich die Grashalme verzweigen – also ein zweiter Halm aus einem einzelnen Grashalm herauswächst – ist Erntezeit! Mit einer Schere das komplette Weizengras abschneiden. Anschließend nicht nochmal austreiben lassen, sondern neu säen.

SAATGUT

Im Biosupermarkt findet ihr die Weizenkörner meist im Regal mit den Müsliprodukten.

VERWENDUNG

Als grüner Powerdrink ist der Saft des Weizengrases unschlagbar! Dafür gibt es spezielle Entsafter. Schmeckt pur oder in einen grünen Smoothie gemischt.

BASILIKUM
Ocimum basilicum

Egal zu welcher Jahreszeit, Basilikum ist ein Evergreen in unserer Küche. Es ist einfach, das schmackhafte Kraut selbst zu ziehen. Aus ein paar Samen ist schon nach wenigen Wochen ein buschiger Stock herangewachsen. Probiert auch mal andere Sorten aus wie Thai-, Zitronen-, Zimt- oder Rotes Basilikum. Da Basilikum sehr frostempfindlich ist, passt es perfekt in einen kuscheligen Indoor-Garten!

STANDORT

Das ursprünglich aus dem tropischen Asien stammende Basilikum braucht viel Wärme. Direkte Sonneneinstrahlung sollte aber vermieden werden, sonst lässt es schnell die Blätter hängen.

ANBAU

Basilikum ist ein Lichtkeimer. Die Samen daher gar nicht oder nur ganz leicht mit Erde bedecken. Sobald das Basilikum richtig kräftig gewachsen ist, könnt ihr davon 2–3 Triebe abschneiden (siehe „Vermehren" Seite 32). Entfernt die unteren Blätter und stellt die Triebe in eine Tasse mit Wasser. Nach 1–2 Wochen haben sich kräftige Wurzeln ausgebildet und ihr könnt die jungen Pflänzchen einpflanzen. Ruhig mehrere Stecklinge auf einmal in den Topf geben. So könnt ihr das ganze Jahr über verfahren und habt immer frisches Basilikum griffbereit.

PFLEGE

Immer gut feucht halten, damit die Blätter schön knackig bleiben. Einmal im Monat könnt ihr in das Gießwasser ein wenig organischen Flüssigdünger geben.

ERNTE

Damit das Basilikum gut weiterwachsen kann, ist die Ernte entscheidend! Richtig abgeerntet – Triebe jeweils an den Blattachseln abschneiden – hat euer Basilikum die besten Voraussetzungen, sich gut zu erholen und ordentlich nachzuwachsen. Am aromatischsten schmecken die Blätter, wenn man sie vor der Blüte erntet.

SAATGUT

Basilikumsaatgut im Gartencenter kaufen oder eine vorgezogene Pflanze über Stecklinge vermehren.

VERWENDUNG

Basilikum nur frisch verwenden, denn getrocknet verliert es sein Aroma. Klassisch in der Kombination mit Tomate und Mozzarella oder mal ganz gewagt als Basilikum-Eis.

SCHNITTLAUCH
Allium schoenoprasum

In der Wohnung könnt ihr Schnittlauch jederzeit aussäen. Das unkomplizierte Küchenkraut wächst rasch zu einer kräftigen Pflanze heran. In kurzer Zeit schon wird ihm der Topf zu klein. Ideal, denn so kann man den Schnittlauch durch Teilen des Wurzelballens einfach vermehren und hat einen weiteren Stock. Habt ihr schon einmal Schnittlauchblüten gesehen? Lasst eine Pflanze zur Blüte kommen und verwendet die lila Blüten als essbare Deko im Salat oder als Beigabe in Essig.

STANDORT

An einem hellen, halbschattigen Fenster macht es sich Schnittlauch gerne bequem.

ANBAU

Am besten kultiviert ihr Schnittlauch einzeln im Topf. Ein lockeres nährstoffreiches Substrat mit ein wenig Blähton in den Topf geben. Das Saatgut auf der Erde verteilen, mit etwas Erde abdecken und leicht angießen.

PFLEGE

Immer leicht feucht halten. Ein wenig düngen, nachdem der Schnittlauch komplett abgeerntet oder nach der Blüte zurückgeschnitten wurde.

ERNTE

Die röhrenförmigen grasartigen Stängel des Schnittlauchs sind am schmackhaftesten, wenn sie um die 10–15 cm lang sind. Die Stängel ganz unten abschneiden. Schnittlauch wächst nach der Ernte wieder gut nach und kann laufend abgeerntet werden.

SAATGUT

Die Samen lassen sich schlecht aufheben, da sie schon nach einem Jahr stark an Keimfähigkeit verlieren.

VERWENDUNG

Frisch auf dem Butterbrot, im Salat oder Kräuterquark, die Blüten auch in Essig.

PFEFFERMINZE

Mentha × piperita

Es gibt unendlich viele verschiedene Sorten von Minze. Zu schade, dass man sie nicht alle auf einmal anbauen kann! Durch die ätherischen Öle verströmt die Pfefferminze einen frischen Duft und ist selbst getrocknet noch voller Aromen. Außerdem hilft sie bei Halsweh und Verdauungsproblemen. Ein Tee aus den frischen Blättern ist eine Wohltat. Kräuterdips oder arabische Gerichte kommen nicht ohne Minze aus. Seid experimentierfreudig!

STANDORT

Draußen verträgt die Minze auch einen schattigen Standort, drinnen ist aber Helligkeit essentiell, damit sie ihr Aroma voll entwickelt. Achtet darauf, dass es nicht zu heiß wird. Ansonsten ab damit unter die Pflanzenleuchte.

ANBAU

Da Minze ziemlich stark wuchert, ist es ratsam, sie einzeln in einen Topf zu setzen. Pfefferminze gehört zu den Mittelzehrern und braucht daher schon beim Einpflanzen in den Topf eine Nährstoffzugabe.

PFLEGE

Die Erde immer leicht feucht halten. Nach der Blüte bzw. nach dem Rückschnitt schadet ein wenig Dünger nicht. Nach 2 Jahren umtopfen.

ERNTE

An der Blattachsel vorsichtig die Blätter abernten. Ihr könnt auch ganze Triebspitzen abzupfen und verwenden. Erntet auf jeden Fall, bevor die Pfefferminze blüht.

SAATGUT

Besorgt euch in der Gärtnerei Jungpflanzen – dort findet ihr unzählige Arten und Sorten von Minzen, zum Beispiel Ananas-, Erdbeer- , Lavendel- oder Marokkanische Minze.

VERWENDUNG

Ob in Soßen, im Couscous-Salat oder in Süßspeisen und Desserts – Pfefferminze ist sehr vielseitig und passt sogar zu Fleisch! Die frischen Blätter könnt ihr auch für kalte Getränke, Likör oder Bowle verwenden. Schmackhaft und heilsam ist sie als Erkältungs- oder Magen-Darm-Tee.

PETERSILIE

Petroselinum crispum

Der absolute Küchenkräuter-Klassiker! Vor allem die glatte Petersilie solltet ihr versuchen. Sie ist intensiv im Geschmack und macht eine Gemüsesuppe erst so richtig rund. Selbst ausgesät wird sie wesentlich kräftiger im Wuchs als die gekauften Kräutertöpfe vom Supermarkt. Egal ob damit gewürzt oder nur der Tellerrand verziert wird – keine Küche kommt ohne Petersilie aus!

STANDORT

Ein heller, aber vor der Sonne geschützter Standort ist ideal. Ein Regal in Fensternähe oder das beleuchtete Pflanzregal sind ein gutes Zuhause.

ANBAU

Sät in ein 15–20 cm tiefes Gefäß mit mäßig nährstoffreicher Erde. Es kann bis zu 3 Wochen dauern, bis sich das erste Grün zeigt. Wer nicht so lange warten kann, fährt einfach zur Gärtnerei um die Ecke und holt sich vorgezogene Jungpflanzen aus dem Gewächshaus.

PFLEGE

Die Petersilie ist sehr empfindlich, was Wasser angeht. Sie mag es nicht zu nass, Staunässe verzeiht sie nicht und bekommt schnell gelbe Blätter.

ERNTE

Die Blätter können laufend geerntet werden, die Herzblätter dabei schonen. Auch ganze Stängel könnt ihr abschneiden und zu euren Gerichten dazugeben. Nach der Blüte ist eine Ernte nicht mehr ratsam, da die Blätter dann hart werden und deutlich an Geschmack verlieren.

SAATGUT

Entweder ihr besorgt euch Saatgut aus dem Gartencenter oder ihr kauft fertige Pflanzen aus der Gärtnerei.

VERWENDUNG

In einer Gemüsesuppe darf Petersilie nicht fehlen! Sie schmeckt aber auch in Salaten, anderen Suppen und Soßen sowie zu Kartoffelgerichten. Am besten das Kraut immer frisch und ganz zum Schluss dazugeben.

KORIANDER
Coriandrum sativum

Was für unsere Breitengrade die Petersilie, ist für den asiatischen Raum der Koriander. Kaum eine Speise kommt ohne ihn aus. Doch beim Koriander scheiden sich die Geschmäcker. Entweder man liebt ihn oder man wird jedes Gericht, das mit ihm verfeinert ist, verschmähen. Verwenden kann man die Blätter inklusive der Stiele. Aber auch die Samen sind äußerst aromatisch. Koriander wird wegen seinem Geruch auch Wanzenkraut genannt.

STANDORT

Sonnig mag es der Koriander. Aber die zarten Blätter vertragen nicht allzu viel Hitze. Achtet darauf, dass ihr den Standort also auch beschatten könnt.

ANBAU

Koriander lässt sich wunderbar im Topf aussäen. Die ersten Keimlinge sprießen schon nach einer Woche. Dünnt diese leicht aus, sodass zwischen den Keimlingen jeweils 2–3 cm Platz verbleibt.

PFLEGE

Die Stängel des Korianders sind nicht besonders kräftig. Für eine kleine Stütze aus Hasendraht oder einen kleinen Zaun aus Schaschlikspießen ist er sehr dankbar.

ERNTE

Die Blätter können ganzjährig geerntet werden. Auch die kompletten Stängel könnt ihr abschneiden und zu euren Gerichten dazugeben. Die Korianderfrüchte werden erst kurz vor der Vollreife geerntet.

SAATGUT

Jedes Jahr muss der Koriander neu ausgesät werden. Wer vor allem die Blätter ernten mag, wählt gleich den Blattkoriander, also die Sorte 'Cilantro'.

VERWENDUNG

In Suppe, Salat, Eintopf, Wrap oder in einem Dip – Koriandergrün ist vielseitig einsetzbar. Die Körner dienen als Würze für Brot, Gebäck, Bratensoßen oder Rotkraut.

ZITRONEN-MELISSE

Melissa officinalis

Die frischen Blätter der Zitronenmelisse eignen sich wunderbar für eine selbst gemachte Limonade oder ein Dessert. Die erfrischend zitronigen Blättchen holen euch im Winter aus jedem Tief! Da reicht schon ein zartes Reiben über die Blätter und schon duftet es in eurer Wohnung nach Sommer. Auch für Tees und damit kuschelige Sofaabende ist die Melisse zu haben. Ein vielseitiges Kraut, das in der Pflege recht anspruchslos ist – perfekt für Einsteiger!

STANDORT

Wärme- und sonneliebend ist die Zitronenmelisse. Ein sonniges Fensterbrett oder ein Platz unter der Pflanzenleuchte sind der geeignete Standort für sie.

ANBAU

Die Melisse lässt sich ganz leicht aussäen, die Samen dabei nicht abdecken (Lichtkeimer!). Sie zeigt schon nach wenigen Wochen die ersten Blätter. Noch schneller geht es aber mit Pflanzen aus der Gärtnerei. Kräftige Pflanzen können auch geteilt werden.

PFLEGE

Nährstoffarme Kräutererde, ein- bis zweimal im Jahr ein wenig Dünger und immer ausreichend Wasser.

ERNTE

Wie auch das Basilikum möchte die Zitronenmelisse an den Blattachseln geerntet werden. Kurz vor der Blüte ist der Gehalt an Aromastoffen am höchsten.

SAATGUT

Besorgt euch in der Gärtnerei Saatgut oder eine Jungpflanze. Es gibt auch buntblättrige Sorten wie 'Aurea' (gelblaubig) oder 'Variegata' (weißbunt).

VERWENDUNG

Die Blätter für Limonade, Nachtisch, Soßen, im Salat, zum Kandieren, im Tee, in der Bowle, im Likör oder sogar im Badewasser. Auf jeden Fall immer frisch verwenden, die Zitronenmelisse nicht mitkochen.

SPINAT

Spinacia oleracea

Das Märchen vom Eisengehalt hält sich hartnäckig. Auch wenn er davon nicht ganz so viel enthält wie immer geglaubt, ist Spinat ein gesunder Leckerbissen. Reich an Mineralstoffen und Vitaminen bietet er sich als ideale Beigabe in grünen Smoothies an. Doch auch frisch im Salat oder auf einem Brot schmecken vor allem die jungen Blätter gut.

STANDORT

Spinat braucht viel Licht, darf aber nicht besonders warm stehen. Lichtmangel führt zu langen Blattstielen und hohem Nitratgehalt. Kühl und feucht mag er es am liebsten!

ANBAU

Die Samen möchten im Dunkeln keimen. Daher am besten 3 cm tief in die Erde stecken. Die Samen nicht zu dicht ausbringen, sonst bleiben die Pflanzen recht klein. Da Spinatpflanzen tiefe Wurzeln bilden, ist ein Pflanzgefäß von mindestens 30 cm Tiefe ideal.

PFLEGE

Trockenheit verträgt Spinat nicht so gut. Deshalb: Immer schön gießen, damit die Blätter zart bleiben.

ERNTE

Nach 6–8 Wochen ist der Spinat erntereif. Nicht zu lange mit der Ernte warten, denn sonst werden die Blätter bitter. Schneidet die äußeren Blätter kurz über dem Boden ab. So wächst der Spinat weiter und ihr könnt mehrmals ernten.

SAATGUT

Gibt es in jedem gut sortierten Samenhandel. Übrigens halten sich die Samen bis zu 5 Jahre!

VERWENDUNG

Der Ertrag in der Wohnung hält sich in Grenzen, und da Spinat beim Kochen zudem sehr an Volumen verliert, ist es sinnvoll, ihn frisch zu verwenden. Als Salat oder in einem grünen Smoothie.

MANGOLD

Beta vulgaris var. cicla

Rot, orange, lila oder gelb – so bunt kann Mangold sein! Das Blattgemüse ist somit nicht nur lecker, sondern auch äußerst ansehnlich. Die Blätter des bis zu 60 cm hohen Gemüses schmecken ähnlich wie Spinat, die etwas härteren Stiele kann man wie Spargel zubereiten. Man unterscheidet Sorten mit viel Blattmasse (Blattmangold) und welche mit kräftigen Stielen (Stielmangold).

STANDORT

Sonne wäre super, ein Platz im Halbschatten tut es aber auch. Eine künstliche Beleuchtung kann Abhilfe schaffen, falls ihr keinen geeigneten Platz in der Wohnung findet.

ANBAU

Ihr könnt Mangold in Anzuchterde zu kleinen Pflanzen heranziehen und anschließend vereinzeln. Das bedeutet, ihr nehmt Pflanzen heraus und setzt diese einzeln in größere Gefäße mit reichhaltiger Blumenerde.

PFLEGE

Genügend gießen, damit die Blätter zart bleiben. Ab und zu verträgt der Mangold auch einen Schluck Biodünger im Gießwasser.

ERNTE

Die Blätter einzeln knapp über der Erde abschneiden. Niemals alle Blätter auf einmal abschneiden, sonst erholt sich Mangold nicht und es wachsen keine Blätter nach. Bei richtiger Ernte habt ihr das ganze Jahr etwas vom Mangold.

SAATGUT

Für den Anbau in der Wohnung ist Blattmangold zu empfehlen. Saatgut gibt es im Gartencenter oder ihr besorgt euch dort bereits vorgezogenen kleine Pflanzen. Diese gibt es von Frühling bis Sommer.

VERWENDUNG

Frisch im Salat sowie in der Quiche oder in der Nudelsoße. Mangold lässt sich vielfältig einsetzen.

PFLÜCKSALAT

Lactuca sativa var. crispa

Grün, knackig und gesund – Salat wird auch in der Wohnung wunderbar lecker und aromatisch. Vor allem Pflücksalate sind für den Indoor-Garten zu empfehlen. Sie gedeihen auf kleinstem Raum und sind ideale Topfbewohner! Zudem wachsen sie schnell und können bereits nach wenigen Wochen geerntet werden. Lollo Rosso und Eichblattsalat sind die bekanntesten.

STANDORT

Salate mögen die Sonne, kommen aber auch im Halbschatten gut zurecht. Ein Platz, der einige Stunden am Tag Sonne bietet und dennoch nicht zu heiß wird, macht Salat glücklich. Optional könnt ihr mit künstlicher Beleuchtung ein wenig nachhelfen.

ANBAU

Ein Balkonkasten bietet die richtigen Voraussetzungen. Verwendet reichhaltige Blumenerde und sät den Salat in Reihen aus. Die Samen dabei nicht mit Erde abdecken.

PFLEGE

Salat ist wirklich anspruchslos und braucht lediglich genug Wasser, damit die Blätter knackig bleiben.

ERNTE

Damit ihr möglichst lange etwas von euren Salaten habt, ist die richtige Ernte wichtig. Nicht komplett unten abschneiden, sondern einzelne Blätter von außen nach innen abernten, sodass das Salatherz stehen bleibt.

SAATGUT

Am besten sind Saatgutmischungen aus verschiedenen Pflücksalaten. So habt ihr Abwechslung im Balkonkasten und auf dem Teller.

VERWENDUNG

Ob als Beilage oder Hauptgericht – ein leckerer Salat geht einfach immer! Verfeinern könnt ihr ihn mit Kräutern, Schafskäse oder gerösteten Toastbrotwürfeln.

RADIESCHEN
Raphanus sativus

Ein Abendbrot mit Radieschen – da läuft euch schon das Wasser im Munde zusammen? Wie gut, dass Radieschen was für Ungeduldige sind, denn sie gehören zu den ganz schnellen. Die Knollen gibt es übrigens nicht nur in Rot, sondern auch in Weiß, Gelb und Violett sowie in rund oder länglich. Eine scharfe Vielfalt, die auf keinem Vesperbrett und vor allem in keinem Zimmergarten fehlen darf.

LEVEL

STANDORT

Ein sonniger Platz wäre perfekt. Nur ein paar Stunden Sonne am Tag ist aber auch in Ordnung.

ANBAU

Eine große Schale, ab 15 cm Höhe, oder der Balkonkasten sind ein gutes Zuhause für eure Radieschen. Sät sie in Reihen aus und haltet einen Abstand von 5 cm zwischen den einzelnen Körnern. Falls ihr zu dicht gesät habt, solltet ihr die jungen Pflanzen ausdünnen. Da Radieschen schnell wachsen, könnt ihr alle 2 Wochen neu aussäen.

PFLEGE

Radieschen sind sehr genügsam und brauchen nichts weiter als Wasser zum Wachsen.

ERNTE

Schon nach gut 3–4 Wochen sind die Radieschen erntereif. Wartet man zu lange mit dem Ernten oder stehen sie zu trocken, können sie hohl und pelzig werden.

SAATGUT

Findet ihr in jedem gut sortierten Gartencenter. Die Samen sind 6 Jahre lang keimfähig. Außer den häufig vertretenen runden roten Knollen gibt es auch andersfarbige Sorten (zum Beispiel in Gelb, Violett, Weiß) und welche mit länglicheren Knollen.

VERWENDUNG

Nicht nur die Radieschen sind schmackhaft. Probiert unbedingt auch die jungen Blätter im Salat oder als Pesto.

TOMATE
Solanum lycopersicum

Tomaten aus eigenem Anbau sind geschmacklich nicht zu übertreffen. Nun kommt auch ihr in den Genuss, denn die kleinen Buschtomaten passen wirklich auf jedes Fensterbrett. Sie sind ideal für den Anbau in Gefäßen. Die Farben- und Formenvielfalt reicht von rot über gelb bis hin zu gescheckt. Die Früchte können nicht nur rund sein, es gibt auch Sorten, die tropfenförmig oder sogar knubbelig aussehen. Eine bunte Vielfalt auf kleinstem Raum!

STANDORT

Licht, jede Menge Nährstoffe und gute Luftzirkulation brauchen Tomaten. Ein helles Fenster oder ein Pflanzregal mit Beleuchtung sind ein geeignetes Zuhause.

ANBAU

Ab Mitte März könnt ihr Tomaten in einem warmen Zimmer vorziehen. Nach 3–4 Wochen müssen die Pflanzen vereinzelt werden. Jede Pflanze kommt nun in einen eigenen Topf, der circa 20–30 cm Durchmesser haben sollte. Mit reichhaltiger Erde auffüllen und die Tomaten in ein kühleres Zimmer stellen. Achtet darauf, dass der Topf Platz für genügend Erde bietet, um die Pflanze mit möglichst vielen Nährstoffen zu versorgen.

PFLEGE

Damit die Tomaten ihre Früchte ausbilden können, müsst ihr in der Wohnung für die Befruchtung sorgen. Keine Angst, Bienen sind hierfür nicht nötig. Tomaten sind Selbstbefruchter. Wenn sie blühen, solltet ihr entweder gut lüften oder einen kleinen Ventilator aufstellen. Unterstützend könnt ihr die Pflanzen auch vorsichtig rütteln. Tomaten brauchen viele Nährstoffe. Diese sind nach den ersten Monaten im Topf verbraucht und es wird Zeit, mit Dünger nachzuhelfen. Daher bei jedem zweiten Gießvorgang Flüssigdünger ins Wasser geben.

ERNTE

Reif sind die Tomaten, wenn sie gut durchgefärbt sind. Mit einem leichten Dreh vorsichtig von der Pflanze lösen.

SAATGUT

Besorgt euch Saatgut von niedrigen Buschtomaten. Diese werden nur 30–50 cm hoch, brauchen keine Stütze und müssen auch nicht ausgegeizt werden.

VERWENDUNG

Schwups, ab damit in den Mund. Tomaten am besten direkt snacken, italienische Bruschetta zubereiten oder einen Tomatensalat zur Grillparty mitbringen.

CHILI

Capsicum frutescens

Scharf, schärfer, Chili – die feurige Frucht bringt Würze in eure Gerichte! Doch nicht nur im Kochtopf machen sie eine gute Figur, die schön geformten Früchte in kräftigem Rot oder leuchtendem Gelb sind schon im Blumentopf ein Hingucker. Getrocknet, aufgefädelt oder als Kranz gebunden, sind sie ein feuriges Gastgeschenk. Übrigens gehören Chilis zur Gattung der Paprika. Auch diese fühlen sich in eurer Wohnung wohl!

STANDORT

Damit eine Chilipflanze ihre Schärfe entwickeln kann, ist viel Sonne und Wärme erforderlich. Im Winter ist ein Südfenster der richtige Standort. Lässt sich das Fenster nicht beschatten, steht ein Sommerumzug auf ein weniger heißes Ost- oder Westfenster an. Besonders für Chilis bietet sich eine künstliche Beleuchtung an.

ANBAU

Zieht eure Chilis alle gemeinsam in Anzuchterde vor. Ein besonders warmer Platz, z. B. an der Heizung, ist für die Keimung sehr zu empfehlen. Nach circa 4 Wochen geht es ans Vereinzeln. Jede Pflanze bekommt ihr eigenes Gefäß mit nährstoffreicher Blumenerde.

PFLEGE

Chilis brauchen viele Nährstoffe. Nach rund 2 Monaten sind diese aus der Erde verbraucht und es muss mit Dünger nachgeholfen werden. Bei der Befruchtung verhält es sich wie mit den Tomaten (Seite 50).

ERNTE

Sobald sich Chilis in die jeweilige Sortenfarbe verfärben, wird es Zeit für die Ernte. Wichtig ist, dass ihr die Früchte regelmäßig aberntet, damit sich neue Blüten ausbilden. Nur so könnt ihr möglichst viele Chilis ernten.

SAATGUT

Vielleicht baut ein Kollege oder Freund schon Chilis an? Dann könnt ihr euch hier die besten Samen besorgen, denn in einer Chilischote sind mehr als genug davon. Ansonsten gibt es im Internet die unterschiedlichsten Sorten zu bestellen. Je nach Sorte variiert die Fruchtform, -farbe und -größe sowie die Schärfe.

VERWENDUNG

Chilis lassen sich frisch genauso gut wie getrocknet verwenden. Zum Trocknen könnt ihr sie auf eine Schnur auffädeln und aufhängen. Als Zutat in Soßen, würzige Beigabe zu Tortillas oder als gefüllte Chilischoten – sogar in Schokolade macht sich die Schärfe der Chili richtig gut!

KNOBLAUCH
Allium sativum

Kochen ohne Knoblauch? Für viele von euch ist er bestimmt nicht aus der Küche wegzudenken. Richtig frischer Knoblauch ist im Geschmack unübertrefflich. Nicht nur die Knolle ist ein Leckerbissen. Das frische Kraut des Knoblauchs macht sich gut in Salatsoßen oder auf einem Butterbrot. Auch der gesundheitliche Wert wird immer wieder beschworen. Nur eine Schwachstelle hat die Zehe – sie hinterlässt einen unschönen Geruch nach dem Verzehr.

STANDORT

Knoblauch liebt es sonnig und warm. Nur so bekommt ihr eine große aromatische Knolle.

ANBAU

Um die besten Voraussetzungen zu schaffen, ist es ratsam, Knoblauch ab Mitte April anzubauen. Nehmt einen Topf, der ausreichend Platz (circa 15 cm Durchmesser) bietet, um eine gesamte Knolle darin auszubilden. Eine gute Drainage ist besonders wichtig. Daher erst mal ein paar Tonscherben oder kleine Kieselsteine auf den Topfboden. Erde mit Tongranulat mischen und in den Topf füllen. Drückt die Knoblauchzehe nicht mehr als 1 cm in die Erde – die Spitze der Zehe sollte nach oben schauen.

PFLEGE

Der Knoblauch ist recht unkompliziert. Nur bei Staunässe versteht er keinen Spaß. Daher nicht zu viel gießen und immer dafür sorgen, dass überschüssiges Wasser abläuft.

ERNTE

Der im Frühling gesteckte Knoblauch ist im Herbst erntereif. Das Kraut färbt sich bräunlich und die Knoblauchzehe schiebt sich leicht nach oben. Kippt den Topf mit Erde aus und holt die Knolle heraus. Das Laub könnt ihr nutzen, wenn es mindestens eine Höhe von 15 cm erreicht hat; auf keinen Fall alles abschneiden, sondern nur ein paar Blätter.

SAATGUT

Besorgt euch im Biosupermarkt oder auf dem Wochenmarkt eine frische Knoblauchknolle. Diese in einzelne Zehen teilen. Vor dem Stecken die Zehen einen Tag in Wasser einweichen.

VERWENDUNG

Brotaufstriche, Soßen, Fleisch oder Fisch – Knoblauch rundet jedes Gericht perfekt ab. Sogar in einem Salatdressing kann man ihn verwenden, die Zehen einlegen sowie Würzöl oder -essig herstellen.

INGWER

Zingiber officinale

Ingwer ist heute keine exotische Pflanze mehr, sondern gehört in jedes gut sortierte Supermarkt-Regal. Auch aus unserer Küche, und vor allem den Teetassen, ist er mittlerweile nicht mehr wegzudenken. Bestimmt liegt auch in eurem Kühlschrank eine Knolle. Ab damit in die Erde! Allerdings braucht ihr etwas Geduld, erst nach 10–12 Monaten ist Ingwer erntereif. Also im Frühling einstecken und zu Weihnachten kandierte Ingwer-Bonbons verschenken!

STANDORT

Der tropische Ingwer liebt die Sonne und möchte diese auch in der Wohnung genießen. Ein Südfenster ist ideal.

ANBAU

Nehmt beim nächsten Einkauf eine frische Bio-Ingwerwurzel mit nach Hause. Achtet darauf, dass diese unbeschädigt ist und möglichst viele Augen hat. Aus diesen kleinen Trieben wächst später eine neue Ingwerwurzel. Die große Wurzel wird in mehrere kleine Stücke zerteilt. Lasst diese für einen Tag liegen, damit die Schnittstellen antrocknen. Mit ein paar Steinen oder Tongranulat wird am Topfboden eine Drainage gemacht, denn der Ingwer mag keine Staunässe. Legt einen Anschnitt in den Topf, sodass die Augen zur Seite zeigen. Anschließend mit ca. 2 cm Erde leicht bedecken. Noch ein bisschen angießen und zum Schluss den Topf mit einer Plastiktüte bedecken.

PFLEGE

Erst nach einigen Wochen zeigen sich die ersten grünen Triebe. Nun kann die Plastiktüte entfernt werden. Nicht zu viel gießen, sonst fault die Ingwerwurzel. Am besten schmeckt dem Ingwer kalkfreies Wasser.

ERNTE

Erst nach 10–12 Monaten ist Ingwer erntereif. Dazu den Topf auskippen und die Ingwerwurzeln herausnehmen.

SAATGUT

Eine frische Ingwerwurzel aus dem Biosupermarkt dient als „Saatgut“.

VERWENDUNG

Reicht euren Freunden einen frisch gebrühten Ingwertee aus eigenem Anbau. Natürlich bereichert euer klein geschnittener oder geraspelter Ingwer auch jedes asiatische Gericht. Sogar in Kuchen und Desserts macht er sich gut.

PILZE
Fungi

Ob gebacken, in einer Bratensoße oder im Risotto – wer liebt sie nicht, die leckeren Pilzgerichte. Auf geht's zum Pilzesammeln! Dazu müsst ihr nicht den Wald durchstreifen, ihr könnt auch in eurer Wohnung auf Pilzjagd gehen. Wer hätte gedacht, dass es so einfach ist, seine eigenen Pilze zu züchten? Vor allem könnt ihr so ganz sicher sein, keinen giftigen Pilz von der Sammlerei mit nach Hause zu bringen. Champignons, Rosenseitlinge, Austernpilze – das Angebot ist riesig!

LEVEL

STANDORT

Pilze mögen keine direkte Sonneneinstrahlung, sondern einen kühlen, feuchten, schattigen Platz. Sie können z. B. im Bad oder Keller wachsen. Je nach Art sollte eine konstante Raumtemperatur von 15–24 °C gegeben sein.

ANBAU

In 2–3 Tage altem Kaffeesatz fühlen sich Pilze wohl und finden gute Wachstumsbedingungen vor. Mischt die Pilzbrut (so nennt man das Pilz-Saatgut) mit eurem Kaffeesatz. In einen Topf geben und immer leicht feucht halten. Nach 10–15 Tagen zeigen sich die ersten Pilze.

PFLEGE

Mit einem Wassersprüher alle 2 Tage befeuchten. Das Substrat darf nicht austrocknen.

ERNTE

Je nachdem, welche Pilzsorte ihr anbaut, sind die Pilze nach 2–3 Wochen erntereif. Dann mit einem scharfen Messer die Pilze abschneiden. Haltet anschließend den Topf wieder leicht feucht und mit ein wenig Glück könnt ihr noch ein zweites Mal ernten.

SAATGUT

Pilzbrut ist im Internet erhältlich, auch als fertige Pilzzucht-Sets. Sie beinhalten alles, was ihr für den Anbau braucht, sowie eine genaue Anleitung (siehe Seite 82).

VERWENDUNG

In einer Nudelsoße, angebraten zum Salat, im Omelette, auf der Pizza, in der Gemüsepfanne, als Beilage oder paniert. Pilze lassen sich vielfältig verwenden!

ZITRONEN-BÄUMCHEN

Citrus x limon

Südländisches Flair hält mit einem Zitronenbaum Einzug in euer Zuhause. Wie heißt es so schön: „sauer macht lustig“. Doch ihr müsst nicht gleich in eine Zitrone beißen, um gut gelaunt zu sein. Allein der Anblick eines Zitronenbaumes in der Wohnung lässt das Gärtnerherz höher schlagen. Die kleinen weißen Blüten verströmen einen herrlichen Duft, und wenn sich dann noch Früchte entwickeln, werdet ihr überglücklich und stolz sein!

LEVEL

STANDORT

Ein sonniges, helles Zimmer mit einer konstanten Temperatur zwischen 18 und 20 °C.

ANBAU

Für den Anbau ist eine spezielle Zitruserde zu empfehlen. Die gibt es im Gartencenter.

PFLEGE

Eimal im Monat solltet ihr einen speziellen Zitrusdünger in das Gießwasser geben. Verwendet kalkarmes, weiches Wasser. Aber Vorsicht, nicht zu viel gießen. Die oberste Erdschicht darf ruhig ein wenig trocken sein, bevor es wieder Wasser gibt. Sorgt für eine gute Luftzirkulation – Zitronenbäume sind anfällig für Pilzkrankheiten.

ERNTE

Der Zitronenbaum trägt das ganze Jahr über. Die Früchte brauchen 6–9 Monaten bis zur Ernte. Es macht aber nichts, wenn die Zitronen noch länger am Baum bleiben.

SAATGUT

Im Gartencenter gibt es kleine Bäumchen und Sorten, die nicht so groß werden und daher für den Indoor-Garten gut geeignet sind.

VERWENDUNG

Den Saft auspressen und vielseitig verwenden oder die Früchte in Scheiben schneiden und in Cocktails oder einer Limonade genießen. Der Abrieb einer Zitrone schmeckt fein in Joghurt, Kuchen und Desserts.

DIY

MINI *Kompostgarten*

In Zukunft landet Abgeschnittenes von Möhren, Petersilienwurzel, Roter Bete und Frühlingszwiebeln nicht mehr in der Biotonne. Aus euren Küchenabfällen sprießt schon bald wieder essbares Grün!

MATERIAL

Karotten

Petersilienwurzel

Rote Bete

Pastinaken

Frühlingszwiebeln

Messer

Teller/Untertasse oder Untersetzter

SCHRITT 1

Schneidet das jeweilige Gemüse oben 0,5–1 cm ab. Also genau den Teil, den ihr eh nicht zum Kochen verwendet.

SCHRITT 2

Nehmt den Teller und gebt Wasser darauf. Anschließend legt ihr die Gemüseabschnitte darauf und lasst sie sprießen.

Frisches Grün aus altem Gemüse

KREATIVE *Pflanzgefäße*

Eine leere Holzschublade, Konservendosen oder einfach nur Moos – die Pflanzgefäße für euren Zimmergarten habt ihr, ohne es zu ahnen, bereits in eurer Wohnung oder eurem Keller. Vielleicht findet ihr auf dem Flohmarkt oder im Second-Hand-Laden noch ein paar alte Teetassen und Emailletöpfe. Dadurch wird eure Pflanzgefäße-Sammlung so individuell wie der Rest eurer Einrichtung. Vermeintliche Abfälle wie leere Konservendosen werden mit wenigen Handgriffen zu einem schicken Zuhause für eure Küchenkräuter. Seid kreativ und werdet zum Pflanzgefäße-Designer!

DIY

SHABBY-CHIC-Palettenbeet

Paletten sind seit Jahren ein unschlagbarer Trend, wenn es um die Garten-Gestaltung geht. Ist doch klar, dass ein Palettenbeet auch im Indoor-Garten keinesfalls fehlen darf!

MATERIAL

Palette
Schmirgelpapier
Holzbrett
Stichsäge
Schrauben
Akkubohrer
Acrylfarbe
Pinsel
selbstklebende Folie
ggf. Bastelkleber
Plastikbeutel
Erde
Kräuter

SCHRITT 1

Das grobe Holz der Palette braucht vor dem Streichen eine Behandlung mit Schmirgelpapier. Arbeitet hier gründlich, denn umso schöner wird der Anstrich später aussehen.

SCHRITT 2

Nun geht es an die Böden für eure späteren Pflanzkästen. Lehnt die Palette an die Wand, messt Länge und Breite der „Kästen" (die „Füße" der Palette) aus und sägt euer Holzbrett entsprechend zu. Anschließend die neuen Böden von unten gut festschrauben.

SCHRITT 3

Die Palette mit Farbe streichen und trocknen lassen. Jeweils auf der Frontseite der Pflanzkästen einen Streifen selbstklebende Folie aufbringen und ggf. mit Bastelkleber nachhelfen.

SCHRITT 4

Die Pflanzkästen jeweils mit einem Plastikbeutel auslegen und damit abdichten. Setzt die Kräuter hinein und füllt die Kästen mit Erde auf. Am besten stellt ihr sie auf einen Fliesen- oder Steinboden, da unter Umständen trotz Abdichten Feuchtigkeit austreten kann.

TIPP VOM Garten Fräulein

Da nicht sehr viel Erde in die Pflanzkästen passt, sind Kräuter die besten Bewohner für euren Paletten-Garten.

Romantik pur
für eure Kräuter!

Ein zweites Leben für alte Möbel

DIY

MEDITERRANES *Tischbeet*

Alte, gebrauchte Möbel, die oft nutzlos im Keller stehen, können sich im Handumdrehen in ein Tischbeet mit wunderbarem Vintage-Charme verwandeln. Kräutergenuss inklusive!

MATERIAL

altes Schränkchen/Tisch
Schmirgelpapier
Holzbrett, 15–20 cm breit, Länge je nach Möbelstück
Holzlack
Pinsel
Metermaß
Stichsäge
Schrauben
Silikon
Plastikbeutel
Tacker
Microfasertuch
Kräutererde
1 Rosmarin
1 Thymian
frisches Moos

SCHRITT 1

Das Holzbrett mit dem Schmirgelpapier bearbeiten. Anschließend mit Holzlack bemalen und trocknen lassen. Messt nun die Außenkanten eures Möbelstücks aus und sägt das Holzbrett dementsprechend in 4 Teile. Falls Holzsplitter abstehen, schmirgelt ihr das Holz noch einmal gut ab und streicht nach. Verschraubt die Holzteile zu einem Rahmen.

SCHRITT 2

Den Holzrahmen auf das Schränkchen setzen, in die Fugen Silikon geben. Mit einem schweren Gegenstand fixieren und circa 10 Stunden trocknen lassen.

SCHRITT 3

Um das aufgesetzte Beet wirklich wasserdicht zu bekommen, legt ihr eine leere Plastiktüte hinein und tackert diese an den Seiten fest. Aber die Plastikfolie nicht zu hoch ziehen, sonst schaut sie später oben raus. Zusätzlich noch ein Microfasertuch darüberlegen.

SCHRITT 4

Das Beet mit Erde auffüllen, oben noch circa 3 cm Rand belassen, und die Kräuter hineinpflanzen. Anschließend die freie Oberfläche mit Moos auslegen. Das sieht nicht nur schöner aus, sondern sorgt auch dafür, dass die Erde nicht so schnell austrocknet.

DIY

GRÜN IM *Einmachglas*

Besonders hübsch sehen leere Einmachgläser aus, wenn sie bepflanzt werden. Mit wenigen Handgriffen wird aus einer einfachen Holzleiste euer neues grünes Küchen-Accessoire.

MATERIAL

Holzbrett

Acrylfarbe

Pinsel

schwarze Klebepunkte

3 Schlauchschellen

3 Schrauben

Akkubohrer

Metallbohrer

3 bepflanzte Einmachgläser

3 Haken

SCHRITT 1

Malt das Holzbrett mit weißer Acrylfarbe an. Gut trocknen lassen und ggf. nochmal bemalen. Anschließend die kleinen schwarzen Klebepunkte auf dem Brett aufbringen.

SCHRITT 2

Mit dem Akkubohrer lassen sich die Schlauchschellen auf die Größe der Einmachgläser anpassen. Lasst noch etwas Spielraum, denn die finale Größe wird erst am Brett eingestellt. Mit dem Metallbohrer ein kleines Loch in die Schlauchschellen bohren. Achtet darauf, dass die Schraube der Schlauchschelle später ganz am Rand und kaum sichtbar ist. Nun mit einer Schraube am Brett anbringen und die bepflanzten Gläser einhängen. Die Schlauchschellen nachjustieren und festziehen.

SCHRITT 3

Bohrt für die Haken kleine Löcher im Holzbrett vor und dreht diese anschließend ordentlich fest. Hängt das Brett an die Wand oder stellt es auf ein Regal.

TIPP VOM *Garten Fräulein*

Ein Kochlöffel oder leere Tassen machen sich sehr gut an den kleinen Haken!

Ein kleiner Garten aus Glas

Kräuter & Co. immer griffbereit

DIY

KÜHLSCHRANK-
Magnet-Töpfe

Der Kühlschrank beinhaltet vor allem Leckeres zum Kochen und die Kühlschranktür ist ein beliebter Platz für Fotos, Karten und Erinnerungen. Ab nun dient die Außenseite auch als Garten!

MATERIAL

leere Konservendosen
Scheibenmagnete
Heißklebepistole
Tongranulat
Erde
Kräuter & Salat

SCHRITT 1

Die Dosen reinigen und das Etikett entfernen. Klebt mit der Heißklebepistole pro Dose zwei Scheibenmagnete an die Innenseite: einen oben, einen unten.

SCHRITT 2

Etwas Tongranulat als Drainage in die Dose geben und mit Erde bedecken. Die Pflanze einsetzen und mit Erde auffüllen. Angießen nicht vergessen.

SCHRITT 3

Nun können die Dosen auch schon an euren Kühlschrank!

TIPP VOM *Garten Fräulein*

Falls die Magnete zu schwach sind, um die Töpfe zu halten, könnt ihr an den Außenseiten nochmal zwei Magnetscheiben anbringen.

DIY

BALKONKASTEN *im Stoffkleid*

Günstige Balkonkästen gibt es viele, jedoch sehen die nicht besonders hübsch aus. Mit doppelseitigem Klebeband und einem bunten Wachstuch wird aus einem schnöden Kasten ein cooles Gefäß.

MATERIAL

Balkonkasten mit Untersetzer

Wachstuch

Bleistift

Schere

doppelseitiges Klebeband

Bastelkleber

SCHRITT 1

Messt euren Balkonkasten und die Seiten des Untersetzers aus, sodass ihr wisst, wie viel Wachstuch ihr benötigt.

SCHRITT 2

Legt das Wachstuch auf den Tisch mit der Vorderseite nach unten und den Balkonkasten darauf. Kippt den Kasten auf die Seite, bis ihr die benötigte Länge des Wachstuchs für den gesamten Kastenumfang mit dem Bleistift aufzeichnen könnt. Den Boden des Kastens könnt ihr auslassen. Denkt auch an den Untersetzer!

SCHRITT 3

Nun das Wachstuch entsprechend zurechtschneiden. Vergesst dabei nicht, die Ecken schräg einzuschneiden.

SCHRITT 4

Bringt das doppelseitige Klebeband rundherum auf der unteren und oberen Kante des Balkonkastens an.

SCHRITT 5

Das Wachstuch auf dem Balkonkasten befestigen. Die Ecken umschlagen und mit Bastelkleber bestreichen.

SCHRITT 6

Der Untersetzer wird natürlich auch noch aufgehübscht. Die Wachstuchreste sollten dafür ausreichen. Die Ränder mit Klebeband ausstatten, Wachstuch drauf und fertig ist euer neuer schicker Indoor-Balkonkasten.

Die neuste Mode
für Blumenkästen

DIY

KOKEDAMA

Grüße aus Fernost

Das ist eine Technik der Pflanzengestaltung, die aus Japan kommt. Der lustige Name steht für „Moosball“ und verrät somit auch gleich den Hauptbestandteil dieser Pflanzidee.

MATERIAL

- Erde
- Schüssel
- Wasser
- Einweghandschuhe
- kleine Zimmerpflanze
- Moos
- Basteldraht oder Schnur

SCHRITT 1

Gebt 2–3 Hände voll Blumenerde in eine Schüssel. Nun noch 1 Glas Wasser hinzufügen und alles gut vermischen. Wer keine schmutzigen Hände möchte, macht das mit den Handschuhen.

SCHRITT 2

Holt die Pflanze aus dem Topf und befreit die Wurzeln so gut es geht von Erde.

SCHRITT 3

Formt aus der nassen Erde eine Kugel. Die Erde gut zusammendrücken und überschüssige Feuchtigkeit auspressen.

SCHRITT 4

Macht in die Erdkugel ein Loch, in das ihr eure Pflanze setzen könnt. Bessert eure Kugel ggf. nochmal mit Erde aus.

SCHRITT 5

Etwas von dem Moos ausbreiten und die Kugel darauf legen. Nun Stück für Stück die Kugel mit Moos bedecken. Drückt es leicht an der feuchten Erde fest.

SCHRITT 6

Die Kugel mit einem Basteldraht oder einer schönen Schnur gut umwickeln, sodass das Moos nicht herunterfällt. Je nachdem, wie viel Feuchtigkeit die Pflanze braucht, solltet ihr regelmäßiges Gießen nicht vergessen. Dazu die Kugel in Wasser tauchen oder mit einem Wassersprüher bestäuben.

TIPP VOM
Garten Fräulein

Nehmt goldenen oder zinkfarbenen Basteldraht. Das gibt der Kugel das gewisse Etwas. Auch hängend sieht das Kokedama toll aus.

DIY

GARTEN *unter Glas*

Ihr wollt eine Zimmerpflanze, die sonst niemand hat? Dann schaut euch mal bei den Wasserpflanzen um! Unter einer Glasglocke fühlen sich diese nämlich genauso wohl wie im Aquarium.

MATERIAL

Glasglocke mit Schale

Wasserpflanzen

Erde

ggf. Steine

SCHRITT 1

Befreit die Wasserpflanzen vorsichtig aus ihren Töpfchen. Entfernt dabei so weit wie möglich das Substrat.

SCHRITT 2

Gebt 1 cm Blumenerde in die Schale und setzt die Wasserpflanzen behutsam ein. Wer mag, arrangiert Steine dazwischen. Vorsichtig angießen. Anschließend die Glasglocke überstülpen.

SCHRITT 3

Stellt das Arrangement an einen warmen und sonnigen Platz, damit annähernd die Bedingungen des Aquariums wieder gegeben und erreicht werden. Als Zimmerpflanzen eignen sich besonders gut das Zwerg-Speerblatt (*Anubias barteri var. nana*), Schwertpflanzen (*Echinodorus bleheri, E. paniculatus*) sowie die Kriechende Ludwigie (*Ludwigia repens*). Pflanzen bekommt ihr im Garten- oder Zoofachhandel.

TIPP VOM *Garten Fräulein*

Einmal im Monat solltet ihr die Pflanzen mit einem Wassersprüher befeuchten.

Ab unter die Haube, Pflänzchen!

DIY

AUS KORK *Übertopf*

Kork ist Trend! Mit dem Naturmaterial lässt sich viel mehr als eine Pinnwand oder ein Untersetzer machen. Ein Kork-Übertopf ist super schick und kann zusätzlich noch mit Farbe verziert werden.

MATERIAL

2 mm dünne Korkmatte

leere Konservendosen

Stift

Lineal

Schere

Heißkleber

SCHRITT 1

Breitet die Korkmatte aus und legt die Dose so darauf, dass sie am Mattenrand abschließt. Rollt die Dose einmal komplett über die Matte und fahrt dabei mit dem Stift entlang. Die Linie ggf. mit dem Lineal vervollständigen.

SCHRITT 2

Schneidet das ausgemessene Stück aus der Korkmatte aus.

SCHRITT 3

Gebt Heißkleber auf den Kork und rollt ihn vorsichtig über die Dose. Das Endstück gut mit Kleber bestreichen und zusammendrücken.

SCHRITT 4

Wer mag, kann seinen Übertopf nun noch bemalen.

TIPP VOM *Garten Fräulein*

Aus Weinkorken könnt ihr hübsche Pflanzenschilder basteln. Einfach mit Filzstift beschriften und den Korken auf einen Holzspieß stecken.

DIY

MIT TAFELFARBE *Blumentopf*

Was wächst denn da? Schreibt es am besten auf euren Topf oder verziert diesen mit lustigen Sprüchen. So werden aus den roten Tontöpfen stylische Wohnaccessoires.

MATERIAL

Tontöpfe

Tafelfarbe

Pinsel

Schleifpapier

Küchenhandtuch

Kreide/Kreidestift

SCHRITT 1

Damit die Tafelfarbe gut deckt, ist es ratsam, diese mehrmals aufzutragen. Tragt die Tafelfarbe ruhig mit gekreuzten Pinselstrichen auf. So erzielt ihr ein schöneres Ergebnis. Anschließend trocknen lassen.

SCHRITT 2

Geht mit dem feinen Schleifpapier über die Farbe. Den Schleifstaub mit dem Küchenhandtuch abwischen und die nächste Schicht Farbe auftragen.

SCHRITT 3

Ist alles gut getrocknet, geht es an die letzte Farbschicht. Anschließend den Topf mit dem Kreidestift „beschmieren" und wieder abwischen. So gibt es später keine Spuren, wenn ihr die Töpfe öfter beschriftet.

SCHRITT 4

Schreibt auf eure Töpfe, was darin wächst, oder Sprüche, z. B. „I will survive!" oder „I'm growing stronger"

DIY

MAKRAMEE-Blumenampel

Bestimmt kennen einige von euch diese Blumenampel noch von ihren Eltern. Nun ist der Klassiker aus den 70ern zurück und wird mit Textilgarn zum modernen Hingucker in eurer Wohnung!

MATERIAL

Textilgarn
Schere
Meterstab
Holzring
Holzperlen
Nadel
Blumentopf

SCHRITT 1

Schneidet vier Schnüre mit einer Länge von jeweils 3 m ab.

SCHRITT 2

Zieht die Schnüre durch den Holzring, jeweils bis zur Hälfte. Der Ring liegt dann in der Mitte und die Schnüre hängen daran doppelt herunter. Am Ring wird die Ampel später aufgehängt.

SCHRITT 3

Den Ring befestigen, indem ihr die Schnüre unterhalb des Rings mit einem Stück Textilgarn fest zusamenbindet. Die Enden des Knotens gut unter dem Garn verstecken.

SCHRITT 4

Fädelt nun die Holzperlen mithilfe der Nadel auf, immer auf zwei nebeneinander liegende Schnüre, beginnend mit Schnur eins und zwei. Je nachdem, wie es euch gefällt, könnt ihr hier mit Größe und Anzahl der Perlen variieren.

SCHRITT 5

Unter den Holzkugeln werden nun die ersten Knoten gemacht. Verknotet die beiden Schnüre miteinander, sodass die Holzkugeln nicht mehr nach unten herausrutschen können.

SCHRITT 6

Jetzt werden die jeweils parallel zueinander liegenden Schnüre verknotet. Das bedeutet, ihr beginnt mit der zweiten und dritten Schnur und macht circa 5–10 cm unter den Holzkugeln einen Knoten. Dann gehts weiter mit Schnur vier und fünf sowie sechs und sieben. Zum Schluss knüpft ihr die jeweils äußerste Schnur von der rechten und der linken Seite zusammen.

SCHRITT 6

Platziert den Topf in dem Netz. Unterhalb des Topfes einen Knoten mit allen Schnüren machen, damit er nicht mehr herausrutschen kann. Zum Schluss die Schnüre auf eine Länge abschneiden, damit eine schöne Quaste entsteht. Die Ampel aufhängen – fertig!

TIPP VOM
Garten Fräulein

Schaut während des Knotens immer mal wieder, ob der Topf auch gut in das Netz passt oder ob die Abstände zu groß sind.

DIY

PFLANZENAMPEL *aus Konservendosen*

Sind alle vorhandenen Pflanzgefäße schon besetzt? Dann sind Konservendosen eine praktische Alternative. In nur wenigen Schritten werden aus den schnöden Dosen Hängeampeln.

MATERIAL

- saubere, leere Konservendosen
- weiße Acrylfarbe
- Pinsel
- Zeitungspapier als Unterlage
- wasserfester Stift
- Bohrer
- Kordel oder Stoffbänder
- kleine Plastiktöpfe
- Pflanzen

SCHRITT 1

Bemalt die Dosen mit Acrylfarbe. Bei Konservendosen mit Aufdruck sind oft mehrere Anstriche nötig. Lasst die Farbe dann gut trocknen.

SCHRITT 2

Wer mag, kann die Dosen zusätzlich mit einem wasserfesten Stift verzieren und kleine farbige Muster oder Symbole aufmalen. Gestaltet aber nicht alle Dosen mit einem bunten Highlight. Oft ist weniger mehr.

SCHRITT 3

Nun noch gegenüberliegend an zwei Seiten in 1 cm Abstand zum oberen Dosenrand jeweils ein Loch für die Aufhängung bohren. Die Kordel oder die Bänder durch die Löcher ziehen und festknoten.

SCHRITT 4

Setzt eure Pflanzen in die kleinen Plastiktöpfe und anschließend behutsam in die Konservendosen. Nach dem Gießen überschüssiges Wasser wegkippen.

DIY

PFLANZEN *in Plastikflaschen*

Den Hängegarten kann man einfach vor dem eigenen Fenster anbringen und schon hat man ein kleines Gärtchen in der Wohnung. Schick, essbar und platzsparend!

MATERIAL

2 saubere, leere Plastikflaschen

Schere oder Cutter

Bohrer

Gartenschnur

Deckenhaken

Erde

Kräuterpflanzen, z. B. Rosmarin, Majoran

SCHRITT 1

Entfernt die Etiketten und schneidet die Flaschen in der Mitte durch. Für einen Hängegarten benötigt ihr zwei Flaschenhälse und einen Flaschenboden.

SCHRITT 2

In einen der beiden Deckel wird ein Loch gebohrt. So kann später überschüssiges Gießwasser abfließen.

SCHRITT 3

Nun müssen noch an den Seiten der drei Bauteile je zwei Löcher gebohrt werden. Lasst dabei etwa 1 cm Abstand zum oberen Rand.

SCHRITT 4

Stellt den Flaschenhals, dessen Deckel kein Loch hat, verkehrt herum in den Flaschenboden und zieht die Gartenschnur durch die vier Löcher. Bringt einen Deckenhaken an und befestigt daran die Flasche. Mit einer extra Schnur platziert ihr die zweite Flasche mit etwas Abstand darüber. Es ist wichtig, dass die Flaschen direkt übereinander hängen, sodass überschüssiges Gießwasser in die untere Flasche läuft.

SCHRITT 5

Jetzt können die Kräuterpflanzen in die beiden Flaschenhälse gesetzt werden.

DIY

GARTEN *in Omas Porzellan*

Das schönste Geschirr findet sich in Omas Küchenschrank oder auf dem Flohmarkt. Oft kommen die guten Stücke nur für besondere Anlässe auf den Tisch. Das wird sich nun ändern, denn die Teetassen werden zu Kräutertöpfen!

MATERIAL

alte Teetassen oder Zuckerdosen

Tongranulat

Erde

Kräuter nach Wahl

SCHRITT 1

Bedeckt den Boden eurer Tassen mit ein wenig Tongranulat. Nur so viel, dass der Boden nicht mehr zu sehen ist. Das dient als Drainageschicht.

SCHRITT 2

Nehmt eure gekauften Kräuter aus dem Plastiktopf und entfernt ein wenig Erde vom Wurzelballen. Anschließend in die Tasse einsetzen, mit frischer Erde auffüllen und gut festdrücken. Leicht angießen und fertig ist euer Tee-Garten!

DIY

SAMENBOMBEN
aus dem Topf

Ein Hingucker im Topf sind bunte Samenbomen aus Tonpapier. Besonders schön als Geschenk für eure Freunde, die ihr damit garantiert für's Gärtnern begeistern werdet!

MATERIAL

buntes Tonpapier
Mixer oder Schredder
Wasser
große Schüssel
Saatgut
Eiswürfelformen

SCHRITT 1

Nehmt euch 1–2 Blätter vom Tonpapier und lasst es durch einen Schredder. Alternativ geht auch ein Mixer. Das Tonpapier zuvor aber in kleine Stücke reisen.

SCHRITT 2

Gebt das zerkleinerte Tonpapier in eine Schüssel. So viel Wasser dazu geben, dass das Tonpapier davon bedeckt ist, aber nicht darin schwimmt. Für 30 Minuten einweichen.

SCHRITT 3

Das Saatgut von Kapuzinerkresse oder Borretsch mit in die Schüssel geben und alles gut vermischen.

SCHRITT 4

Presst die Tonpapiermasse ordentlich in die Eiswürfelformen. Drückt dabei das überschüssige Wasser aus jeder einzelnen Form heraus.

SCHRITT 5

Vorsichtig die noch feuchten Tonpapierformen aus den Eiswürfelbehältern nehmen und zum Trocknen auf ein Ofengitter legen. Die fertigen Samenbomben werden nur leicht in einen Topf mit Erde gedrückt.

INNOVATIVES FÜR DEN *Indoor-Garten*

Für diejenigen unter euch, die keine Zeit haben, selbst Dosen, Töpfe oder Regale zu bauen oder zu verschönern, gibt es tolle Indoor-Gardening-Artikel zu kaufen. Ein Mix aus selbst gemachten und innovativen Produkten macht euren Zimmergarten zu einer individuellen Oase! Von der Badezimmerdecke hängen Blumen herab und im Flur leuchtet das Licht des Smart Herb Gardens.

SKYPLANTER

Auf dem Balkon oder im Garten dürfen neben all den Nutzpflanzen bunte Blumen nicht fehlen. Gleiches gilt auch für euren Zimmergarten. Klar ist sattes Grün schön anzusehen, doch mit bunten Blüten dazwischen hält das Gartenfeeling erst so richtig Einzug in euer Zuhause. Der Platz in der Wohnung ist nun mal begrenzt, daher muss jeder Winkel genutzt werden. Mit dem Skyplanter von Boskke (Seite 83 oben rechts; von www.boskke.com oder über www.plantu.de) könnt ihr sogar eure Zimmerdecke zum Gärtnern nutzen! Kopfüber hängen die schicken Töpfe von eurer Decke und verleihen dem jeweiligen Raum ein klein wenig Dschungel-Flair.

PILZPAKETE ZUM BESTELLEN

Wer keine Lust hat, sich selbst etwas zusammenzumischen, ist mit einem Pilzpaket (Seite 83 unten links; von www.pilzpaket.de) bestens versorgt! Für jeden Geschmack ist ein passendes Paket dabei: Das Angebot bei www.pilzpaket.de reicht von Rosensaitlingen über Austernpilze bis hin zu Zitronensaitlingen. Dabei muss man wirklich kein begnadeter Gärtner sein, um die Pilze zum Sprießen zu bringen. Täglich ein wenig Wasser und ein warmer Standort reichen für eine erfolgreiche Ernte völlig aus.

SMART HERB GARDEN

Wer auf Designobjekte gepaart mit einer Prise Technik steht, wird vom praktischen Smart Herb Garden (über www.indoorgardenshop.eu) begeistert sein! Dieses kleine Kräutergärtchen (Seite 83 unten rechts) ist bereits mit allem ausgestattet, was ihr zum Indoor-Gärtnern braucht. Nur noch Wasser dazu, den Stecker in die Dose und schon wachsen die Pflanzen drauf los. Gießen kann man nicht vergessen, denn das Pflanzenlicht fängt an zu blinken, wenn der Tank leer ist! Auch die Lichtzufuhr regelt sich automatisch und ihr müsst euch nur noch um das Ernten der Kräuter kümmern.

KRÄUTERTOPF FRESH HERBS

Der Kräutertopf Fresh Herbs (von www.emsa.com, Foto unten) macht das Gießen dank des cleveren Bewässerungssystems für Wochen überflüssig. Einmal Wasser rein und schon habt ihr Ruhe. Durch einen Docht versorgt sich die Pflanze selbst und dank dem Wasserstandsanzeiger in Blumenform seht ihr, wann ihr nachfüllen müsst! Die kleine Haube sorgt für einen Treibhauseffekt und lässt die Samenkörner schnell keimen. Perfekt für alle, die nicht jeden Tag zu Hause bei ihren Pflanzen sein können.

REZEPTE FÜR *die Indoor-Ernte*

All das Grün in eurer Wohnung sieht nicht nur hübsch aus, sondern schmeckt noch dazu hervorragend. Mit jedem Bissen werdet ihr die Liebe und Mühe, die ihr in eure grünen Mitbewohner gesteckt habt, schmecken. Lasst euch überraschen, wie vielfältig die Indoor-Garten-Ernte einsetzbar ist! Beinahe jedes Gericht lässt sich mit knackigen Sprossen oder ein wenig Kresse verfeinern. Sogar zum Frühstück könnt ihr eure eigene Ernte genießen. Oder ihr ladet Freunde zu einem „Gartenfest" in eure Wohnung ein und kocht gemeinsam!

Food

WEIZENKEIM-Früchtejoghurt

Startet mit einer Extraportion Power in den Tag! Dieses Früchtejoghurt mit Weizenkeimen liefert euch die Energie, die ihr braucht, und ist noch dazu total lecker!

für 1 Portion / Weckglas à 220 ml

ZUTATEN

2 EL Weizenkörner
1 Feige
150 g Naturjoghurt
70 g Griechischer Joghurt
1 Handvoll Himbeeren
1 Handvoll Blaubeeren
1 Physalis
1 TL Honig
1 Prise Zimt

SCHRITT 1

Legt die Weizenkörner zwei Tage lang in Wasser ein. Ein Sprossenglas (Seite 35) ist hierzu gut geeignet. Wechselt das Wasser mindestens zweimal täglich.

SCHRITT 2

Wascht die Feige ab und schneidet sie in dünne Scheiben. Legt sie an die Seiten und auf den Boden des Glases.

SCHRITT 3

Nun schichtweise den Joghurt und ein paar Weizenkeim sowie die gewaschenen Beeren einfüllen. Das Ganze wiederholen, bis das Glas voll ist.

SCHRITT 4

Dekoriert euer Frühstück mit ein paar einzelnen Weizenkeimen, weiteren Beeren und einer Physalis. Zum Schluss noch mit einem Klecks Honig und etwas Zimt garnieren.

TIPP VOM Garten Fräulein

Im gut verschlossenen Sprossenglas halten sich die fertigen Keime eine Woche im Kühlschrank. Vor Verzehr unbedingt gründlich mit Wasser spülen.

Food

GREEN Smoothie

Wer kennt sie nicht? Die grünen Powerdrinks sind derzeit in aller Munde. Und jetzt kommts noch besser: Ab sofort könnt ihr die Hauptzutaten zu Hause von der Fensterbank ernten!

für 1 Portion

ZUTATEN

125 g junger Spinat

4 Blätter Minze

1 Handvoll Erbsen-Keimlinge

250 ml Mineralwasser

1 Banane

1 grüner Apfel

Saft einer halben Limette

Ingwer, nach Belieben

SCHRITT 1

Den Spinat, die Minzeblätter und das Erbsengrün abwaschen, grob klein hacken und zusammen mit dem Mineralwasser im Mixer zerkleinern. Den Apfel waschen und entkernen, die Banane schälen und in kleine Stücke schneiden. Dazugeben und ebenfalls mixen.

SCHRITT 2

Je nach Geschmack mit dem Saft einer halben Limette abschmecken. Wer möchte, kann zusätzlich eine dünne Scheibe Ingwer dazugeben. Falls euch der Smoothie zu dickflüssig ist, einfach etwas mehr Mineralwasser hinzufügen.

TIPP VOM Garten Fräulein

Es geht noch grüner! Mixt euren Smoothie mit Grünkohl, Staudensellerie, Gurke oder Petersilie.

Food

AVOCADO-SPROSSEN-Ciabatta

Ideal für die Mittagspause oder für den Hunger zwischendurch! Ein Brot mit Sprossen und Avocado ist ein einfacher und schnell zubereiteter Sattmacher, der noch dazu sehr gesund ist.

für 1 Portion

ZUTATEN

1 Scheibe Ciabatta

½ Avocado

1 EL Sprossen

Salz

Pfeffer

Olivenöl

SCHRITT 1

Legt die Brotscheibe kurz auf den Toaster oder bei 200 °C in den Backofen.

SCHRITT 2

Halbiert die Avocado und löst das Fruchtfleisch mit dem Löffel heraus. Streicht dieses auf das geröstete Brot und zerdrückt es ein wenig mithilfe einer Gabel.

SCHRITT 3

Das Avocado-Brot mit Salz und Pfeffer würzen und ein wenig Olivenöl darüber gießen. Zum Schluss noch mit einer Handvoll Sprossen garnieren.

Food

SPROSSEN-KRESSE-Burger

Die Burgerläden sprießen wie die Pilze aus dem Boden. Aber die besten Burger macht ihr ab nun selbst. Und dabei dürfen Kresse und knackige Sprossen von der Fensterbank auf keinen Fall fehlen!

für 4 Portionen

ZUTATEN

500 g Biohackfleisch

Salz, Pfeffer

2 rote Zwiebeln

6 Stängel Koriander

Rapsöl

4 Scheiben Cheddarkäse

1 Gurke

1 Tomate

4 Salatblätter

100 g Sprossen (oder eben einfach nach Belieben)

100 g Kresse (oder eben einfach nach Belieben)

4 Dinkelbrötchen

Senf

2 Avocados

SCHRITT 1

Das Hackfleisch in eine Schüssel geben und mit Salz, Pfeffer, einer gehackten Zwiebel und dem gewaschenen, kleingeschnittenen Koriander würzen. Die Hände anfeuchten und das Hackfleisch zu flachen Küchlein formen. Gebt diese in eine Pfanne mit heißem Öl und bratet sie gut von beiden Seiten an.

SCHRITT 2

Legt die Hackküchlein auf ein Backblech und gebt jeweils eine Scheibe Cheddar darauf. Bei 200 °C (Umluft) 10 Minuten im Backofen überbacken.

SCHRITT 3

In der Zwischenzeit wascht ihr die Gurke und Tomate gut ab und schneidet beide in Scheiben. Die zweite rote Zwiebel schälen und ebenfalls in dünne Scheiben schneiden. Den Salat, die Sprossen sowie die Kresse mit Wasser gut abbrausen.

SCHRITT 4

Die Brötchen für 3 Minuten in den Ofen geben, damit sie kross werden. Anschließend beide Hälften mit Senf bestreichen und je eine Scheibe Avocado mit der Gabel darauf zerdrücken. Nun die Kresse auf das Brötchen legen. Jetzt darf das Küchlein aus dem Backofen aufgelegt und mit den weiteren Zutaten versehen werden. Schließt euren Burger mit einer kleinen Handvoll Sprossen ab.

Food

ZIEGENKÄSE-BIRNEN-Salatteller

Ein knackiger Salat mit Ziegenkäse ist eine reichhaltige Vorspeise. Zwar wachsen nicht alle Zutaten in eurer Wohnung, aber eine Handvoll Salat könnt ihr bestimmt ernten!

für 1 Portion

ZUTATEN

125 g Salat
5 Blätter Mangold
125 g Spinat
1 Birne
1 Ziegenkäse-Rolle
2 TL Honig
1 EL Olivenöl
1 TL milder Senf
1 TL Balsamico-Creme
Salz
Pfeffer
10 Walnüsse
1 EL Microgreens

SCHRITT 1

Wascht die Blätter von Salat, Mangold und Spinat gut ab und richtet sie hübsch auf einem Teller an. Nun die Birne waschen, Stiel und Kerngehäuse entfernen, die Birne in Spalten schneiden.

SCHRITT 2

Schneidet 3 Scheiben von der Ziegenkäse-Rolle ab, je nach Belieben auch mehr. Legt diese auf ein leicht gefettetes Backblech und bestreicht sie mit 1 TL Honig. Dann circa 10 Minuten bei 200 °C im Backofen backen.

SCHRITT 3

Bereitet in der Zwischenzeit das Salatdressing vor. Dafür 1 TL Honig, Olivenöl, Senf, 1 EL Wasser und die Balsamico-Creme miteinander vermischen. Mit Salz und Pfeffer würzen.

SCHRITT 4

Verteilt den Ziegenkäse auf dem Salat und drapiert die Birnenspalten auf dem Teller. Das Dressing darübergießen. Zum Schluss noch die Walnüsse dazugeben und alles mit frischen, gewaschenen Microgreens garnieren.

ÜBER DIE *Autorin*

Silvia Appel liebt die Natur und lebt dennoch mitten in der Stadt – in Würzburg. Für sie ist das kein Widerspruch, denn auch in der Stadt kann man sich grüne Oasen schaffen. Um sich herum baut sie auf ihrem Stadtbalkon und in einem kleinen Schrebergarten jede Menge Gemüse, Kräuter und Blumen an. Die Begeisterung für den Garten bekam Silvia sozusagen in die Wiege gelegt. Schon als Mädchen durfte sie sich im Garten ihrer Eltern austoben und dort Radieschen und Möhren aussäen. Seit 2013 teilt Silvia Appel ihre Gartenleidenschaft mit ihren Lesern auf dem Blog **www.garten-fraeulein.de.**

DANKE

Danke an meinen lieben Freund, der jedes meiner Projekte aus vollem Herzen unterstützt. Egal, wie wild unsere Wohnung oder unser Keller mal wieder aussieht oder wie wild ich manchmal werden kann. Du bist immer an meiner Seite. Ohne dich wäre das Leben als Garten Fräulein nicht mal halb so schön!

Danken möchte ich auch meinen Eltern und ganz besonders meiner Mutter. Ohne dich, liebe Mama, wäre ich um eine große Leidenschaft im Leben ärmer. Du hast mir gezeigt, wie bereichernd es sein kann, Möhren, Radieschen und ordentlich viel Erde ins eigene Leben zu lassen.

Meiner Schwester möchte ich von ganzem Herzen danken. Ohne dich hätte ich dieses Buch nicht umsetzen können. Du hast mir den Rücken frei gehalten, mich bei Fotoshootings unterstützt und wichtige Requisiten besorgt. Danke für deinen selbstlosen Einsatz!

Danke, meine liebe Ju, dass du mir deine wunderschöne Altbauwohnung überlassen hast. Die Fotos sind klasse geworden! Danke für die Leiter, den Fleischwolf, die tollen Pflanzen – für all euch Helfer ein riesengroßer Schmatzer!

Außerdem danke ich meinen Sponsoren Boskke, Click and Grow, EMSA und Pilzpaket.de für die Unterstützung mit tollen Produkten.

WEITERE TOLLE *Bücher*

GÄRTNERMAHL

176 Seiten, 22 x 26 cm,
ISBN 978-3-86355-450-7

GÄRTNER DICH GLÜCKLICH

144 Seiten, 20 x 23,5 cm,
ISBN 978-3-86355-507-8

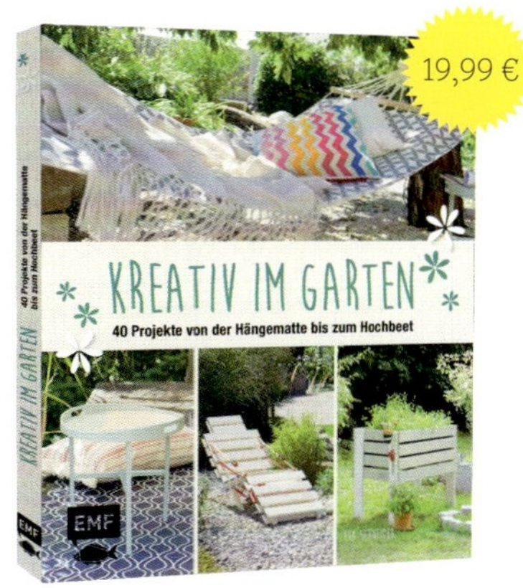

KREATIV IM GARTEN

144 Seiten, 21 x 25 cm,
ISBN 978-3-86355-460-6

MEIN KREATIVER STADTBALKON

144 Seiten, 21 x 25 cm,
ISBN 978-3-86355-288-6

GARTEN-DEKO FÜRS GANZE JAHR

144 Seiten, 20 x 23,5 cm,
ISBN 978-3-86355-289-3

BETON-DEKO FÜR DEN GARTEN

48 Seiten, 17 x 21 cm,
ISBN 978-3-86355-336-4

IMPRESSUM

Bibliografische Information der Deutschen Bibliothek.

Die Deutsche Bibliothek verzeichnet diese Publikation in der deutschen Nationalbibliografie.
Detaillierte bibliografische Daten sind im Internet über http://www.d-nb.de/ abrufbar.

EIN BUCH DER EDITION MICHAEL FISCHER

1. Auflage 2016

Cover, Layout und Satz: Bernadett Linseisen
Illustrationen: Leeloo Molnár
Produktmanagement und Redaktion: Annika Christof
Lektorat: Judith Starck, München
Fotos: Silvia Appel, außer 2–3: © Diana Taliun/shutterstock.com; 25 o.li.: © Antonius Egurnov/shutterstock.com; 25 u. re.: © Africa Studio/shutterstock.com; 41: © TunedIn by Westend61/shutterstock.com; 44: © Pheobus/shutterstock.com; 45: © IngridHS/shutterstock.com; 46: © alely/shutterstock.com; 49: © Elena Elisseeva/shutterstock.com; 55: © Bambo/shutterstock.com.

ISBN 978-3-86355-508-5

Printed inSlovakia

www.emf-verlag.de